藍學堂

學習・奇趣・輕鬆讀

好股票

좋은주식 나쁜주식

壞股票

蔡佩君——譯

李南雨 이남우

著

你不懂自己不懂什麼。

You don't know what you don't know.

——希臘哲人 蘇格拉底

目錄

推薦序

簡單但完整清晰的分析架構

許繼元 Mr.Market 市場先生／財經作家

www.rich01.com

不同類型的企業，分析關注的重點都不一樣

本益比低的股票代表便宜，所以所有股票都應該看本益比、趁本益比低的時候買嗎？巴菲特說 ROE 值得關注，那麼所有企業都應該看 ROE 嗎？

在學習投資時，我們會學到很多重要的分析指標，但如果你有實際開始運用這些指標去分析不同標的，很快就會發現，重要的指標，有時好像也沒有這麼有用。

其實這些指標背後沒告訴你的是，不同類型的企業有不同特性，只有使用合適的分析方法，才可能得到有價值的分析結果。

那麼如何區分企業的類型呢？

好公司、壞公司，好股票、壞股票

本書作者將所有企業分為好公司、壞公司，以及好股票、壞股票。

例如關注成長、獲利的指標可以用來分析好公司，在本益比低、便宜時

就是買進的好時機點。但同樣方法就不適用在壞公司，例如週期性產業最佳的買進時機點，也許正好就是在高本益比看似昂貴的時機。

公司好壞取決於獲利與經營本質，股票好壞則取決於會不會長期上漲。

許多人在投資時只關注是否會上漲，並不關注公司好壞。如果買到上漲的股票，獲利了結，那也許問題不大。可一旦犯錯、結果不如預期，問題就來了：該認賠？還是仍有機會？這時區隔出好公司、壞公司就顯得十分重要。

壞公司雖然也有可能有會大漲的好股票，但分析難度較高。好公司問題較少，分析較容易，儘管有些時候我們可能會買貴，對絕大多數人來說，其實重點只需要關注好公司，並且投入其中的好股票即可。

用總市值看事情，是分析的第一步，也是作為企業擁有者的第一步

投資就是作為企業的擁有者，而不是作為股票的擁有者。

本書中提到一個十分重要的分析觀念是：總是關注總市值。

想像一下，如果朋友有一間經營穩定的公司股權想要轉讓，我們會想知道些什麼呢？

我們會想知道整間公司賣多少錢、一年營收多少、固定開銷多少、淨利多少、帳上有多少資產負債、整個市場規模與潛力有多大，等等資訊。

但有趣的是，當我們在看股票時，看的卻是一股股價多少、EPS多少，而非市值多少、總盈餘多少。也許比例都相同，但當我們用市值看事情時，自己的心態會更像個老闆、像是個經營者。

當心態轉變為像是企業擁有者，我們關注的會是公司幾年間有哪些投資

計畫、未來五到十年成長潛力、這會帶來多少市值成長，不再只是股價今天上漲下跌多少。

此外，無論產業分析、個股分析，用市值來做分析，很可能會得到更多有價值的資訊。

例如從市值變化中，可以看到不同產業的趨勢變化，找到重點產業、避開沒落的產業。我們也可以看到同產業中不同企業市值規模此消彼長，用市值也更容易和總盈餘去對比，好進行估價。

也許你會問：為什麼我們大多數人都很少用市值看事情呢？

一方面是當投資資金越小時，看市值的感受並不明顯，我們直覺往往很難覺得那數十億、百億的盈餘或數字跟自己有關。

另一方面是雖然個股的市值很容易查詢，但除非你有專業資料庫，否則產業的市值與盈餘公開資料很少，且很少有網站呈現長期資料時是用市值來表達。

但即使如此，我也十分建議大家可以調整習慣，投資分析時盡量用市值去看事情，你會有完全不同的感受。

好公司也不忘關注風險

和如何找出好公司一樣重要的事情，我認為就是關注風險。

任何自己看好甚至有投入的投資，我們總是能找到許多理由來支持自己的分析和判斷。

本書中，作者也舉例了許多自己十分看好的產業與個股標的，但並不是只談這些機會有多好，作者也列出這些企業可能的風險所在。

在美國的〈10-K〉財務報表中，在介紹公司業務之後，往往接下來一段

就是清楚的詳述公司所可能面臨的各種大大小小的風險，許多時候，這一段甚至會長達五到十頁。

　　永遠記得，再好的公司，情況仍隨時有可能改變。

　　本書對投資分析提出了一個由上而下分析簡單但完整清晰的架構，期待你也能從中有所收穫。

前言

_____

你還不懂股票

「你不懂自己不懂什麼。」（You don't know what you don't know.）

　　這句話衍生自蘇格拉底的名言，在華爾街很常聽見，同時也是避險基金經理人聽完功力不足、只有滿腔熱情的分析師簡報後，會以帶著微笑的優雅姿態給予對方的忠告，含蓄地告訴他：「雖然你提出了一個新的事實，但對於企業仍有很多不了解的地方，然而你看似不知道自己遺漏掉了其中的重要面向」。

　　2020 年許多散戶創下高額報酬率，自信滿滿，但是大部分的投資人都不知道自己根本不了解手中股票的基本面與風險，令人感到擔憂。

　　這本書會以十個問題作為開場。全世界規模最大的產業中，Facebook（編按：2021 年母公司更名為 Meta）為什麼收益率如此高、特斯拉的股價風險、為什麼三星電子的總市值只有蘋果的五分之一、比較美國股市與首爾大樓的長期投資報酬率等，上述是幾項本書中會探討到的議題。為了建立良好的投資框架與習慣，並找出能獲得穩定收益之企業，這些都是我們不可不知的事項，同時也都是過去我曾問過我授課的延世大學大學生和碩士生的問題，然而大部分學生的回答都是錯的。

　　2020 年持續持有海內外優良股票的散戶，大部分都有 30％以上的報酬

率。也許就是這樣，讓冒著風險也要追求高收益的他們奮不顧身投資股票，許多散戶自信心爆棚，認為現在的自己「能夠賺到比基金經理人更優渥的報酬率」。

然而從根本來說，股票與不動產一樣都屬於風險資產。即便是三星電子、NAVER、蘋果、Alphabet（Google 的控股公司）這類績優股，短期內也可能發生投資虧損。

股價反映的是人類的心理，在貪婪與恐懼裡反覆循環，甚至連韓國電力這種企業本體價值幾乎沒有改變的壟斷型業者，以及以獨家品牌和穩定收益著稱的農心，過去一年的股價都下跌將近 50%。

本書完全是以投資人的立場為出發點，作者以過去三十年來與世界頂尖投資人共同研究和討論所獲得的經驗，結合最新情況整理出了適合長期持有以及應該避免的企業股票，作者以過去十五年來在 LG 生活健康、三星電子、現代汽車、大韓航空、愛茉莉太平洋、企業銀行等韓國企業與香港、新加坡、日本等海外工作經驗為基礎，探討範圍遍及特斯拉、蘋果、P&G、Costco、Amazon 等海外企業。

為了建立健全的投資文化，書中也分享了三位同時身為作者的客戶兼好友的「國家代表級」海外投資人在韓國的投資經驗，內容記錄了美國最大避險基金 —— 老虎基金（Tiger Management）前夥伴 RJ 麥克瑞利（McCreary）、世界最大主動式資產管理公司 —— 富達投資（Fidelity）前研究負責人萊昂・塔克（Leon Tucker）、香港最具代表性的美國避險基金 E 公司的主要基金經理 C 博士的經驗談，作者相信這些海內外企業案例與外國投資人的經驗，可以幫助各位讀者了解股票投資的原理。

作者長年與世界頂級投資人共事所學到的是 —— 投資人必須站在客觀的角度進行長期分析，絕對不能被情緒所左右。投資不需要愛國心，但是要了

解股票市場的原理，並養成良好的投資習慣。我們手上的股票隨時可能會下跌，為此我們應該養成仔細衡量風險的習慣。就像買房子的時候會確認好市價，面對我們持有或是有興趣的股票，也要確認該公司的總市值，並且和國內外競爭對手的總市值做比較，這是根本中的根本。此外，利用自己了解而且有經驗的方式賺錢才是最踏實的方法。只要保有好奇心地觀察，就能夠看見周遭許多優良的投資想法。想要成功投資的第一步，就是養成良好的投資習慣。

成功的投資就像是搭電梯一樣，要選擇跟好的產業一起上升，我們稱之為「產業效應」（industry effect）。超級績優股毫無例外都誕生於高成長產業，三星電子、Amazon、特斯拉之所以可以高度成長，就是因為半導體記憶體、電子交易及雲端、電動汽車產業的高速發展，甚至高成長產業中表現中等的企業的投資報酬率表現可能勝過夕陽產業的第一名，「龍尾勝過雞脖」是二十一世紀的產業現況。

除此之外，我們也需要關注家族企業（family-owned business）。除了歐洲的奢侈品牌以外，美國的沃爾瑪、好時（Hershey）、雅詩蘭黛、歐洲的萊雅、羅氏（Roche）即便改變經營模式，依然是堅定不移的家族企業。2006 年以後，家族企業的股價每年大幅高於其他成長企業 3.7％，原因是他們「所有權人意識」強烈，以長期投資的觀點來說，可以持續創造穩定的收益。

品牌價值上漲，透過鉅額研發投資建立門檻並追求壟斷利益的企業也頗有前景。2020 年 12 月 30 日《韓國經濟新聞》指出，2020 年有數十萬名未成年人士開設證券戶，越來越多父母正在為就讀國高中的子女買進三星電子、Kakao、特斯拉、蘋果這類的股票。把股票作為禮物送給年輕世代，不僅可以讓孩子學習到健全的資產增值方式，還能夠讓他們體驗到資本主義核

心的上市公司的成長和發展過程，帶來經濟教育的效果。我們非常樂見韓國也能夠具有資產文化（equity culture）。

　　投資人不需要再進到三星電子，子女也不需要去 Google、Facebook 就業，只要成為企業股東，就等同於擁有了數百億美元利潤的持股權利，因為少數股東仍舊是公司的股東。三星電子的經營團隊，與包含數千名博士在內的人才，現在這個時間點還在為了股東們努力工作著。

　　千萬不要忘記一件事，股票投資需要時間和努力。股票投資就是要等待時機買進優良的公司股票，這是一場與時間的戰爭，有時候也是一場與自我的戰爭。

————

投資股票前，
你必須回答的十個問題

無論是投資新手或老手，都有很多不知道的事。

▌了解企業所屬的產業

　　每個學期一開始，我都會向延世大學選修產業分析、財務分析、公司治理科目的學生提出一些問題，而這個問題並不需要專業知識就可以回答。雖然學生答錯的情況居多，但如果作為股票達人，這些問題不過是必懂的常識。現在就讓我們開始解題吧。

▌**問題1** 全世界規模最大的產業是什麼？
①半導體 ②智慧型手機 ③汽車 ④奢侈品

　　答案是③，因為韓國最大出口產業是半導體，所以很多人都選擇①。但是汽車以壓倒性的差距，成為世界最大規模的產業。以 2019 年來說，全世界的汽車產業規模高達 2 兆 2,500 億美元。雖然 2020 年因為新冠肺炎有所減少，但是 2019 年的時候全球銷售了九千萬台汽車，平均單價約為 2 萬 5,000 美元。汽車產業的規模是半導體與智慧型手機產業總和的一倍以上，其中半導體產業的規模為 4,120 億美元，而智慧型產業規模相似，為 4,090 億美元。而 LV 和 Gucci 等奢侈品一年的銷售額為 3,290 億美元，也是非常大的產業。

　　股票投資的出發點，就是對於投資企業所屬產業的理解。2020 年已故的三星集團會長李健熙對子公司社長的要求之一，就是要徹頭徹尾了解自己所負責的事業本質。股票投資也基於同樣道理，了解有興趣之企業的市場規

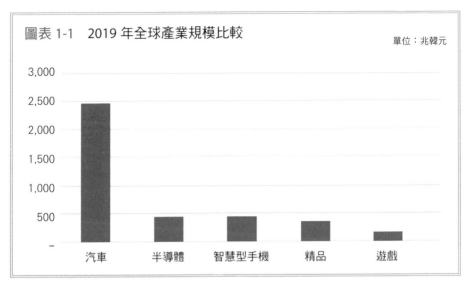

圖表 1-1　2019 年全球產業規模比較

單位：兆韓元

出處：美國銀行、美拉證券、瑞士信貸集團、SIA、Statista、貝恩策略顧問、Newzoo

模、成長性與成長動力非常重要。

　　談到企業與股價的未來，雖然企業的實力也很重要，但是更多取決於所屬產業能高速成長的程度。Amazon 可以成長為績優企業，雖然一部分歸功於創辦人傑夫・貝佐斯（Jeff Bezos）打造出一套優秀的商業模式，二十五年來親力親為經營公司，但這也歸功於作為 Amazon 主要業務的電商和雲端產業爆發性成長。

　　特斯拉的股價在 2020 年成長八倍，總市值超過 1 兆美元，根本原因在於汽車產業的規模本身就非常龐大。當然，市場並不認為特斯拉只是一間純粹的電動汽車製造商，而認為它是以軟體為基礎，能夠創造出各種附加價值的平台企業，所以特斯拉的總市值超越了三星電子。

　　BMW、賓士、賓利、保時捷、法拉利、勞斯萊斯等精品汽車的年銷售也超過 5,000 億美元。而 Google 率先透過 Waymo 投入自動駕駛，爾後在美

國，Amazon、蘋果、微軟等科技巨擘（Big Tech）也都隨後跟上。在中國，則是阿里巴巴、騰訊、百度等公司為了搶佔自動駕駛市場正在你爭我奪。

　　LG 化學、三星 SDI 等鋰電池業者之所以受到股市矚目，就是因為汽車市場龐大的規模。目前電動汽車生產成本中，電池佔比有 30 至 40％，有計算指出，十年後等電動汽車大量普及後，全世界的電池市場規模將可高達數千億美元。

總市值就等於房屋的市價

下列選項中，總市值最高的上市公司是哪一間？
①露露檸檬 ②KB金融 ③愛茉莉太平洋 ④SK Telecom

　　答案是①。創立於加拿大溫哥華的露露檸檬（Lululemon）總市值約 450 億美元（約 51 兆韓元），是當中的第一名。KB 金融為 150 億美元（約 17 兆韓元）、愛茉莉太平洋為 135 億美元（約 15 兆韓元）、SK Telecom 為 150 億美元。一間從瑜伽服起家的運動服品牌，總市值怎麼能夠超越韓國第一大金融集團和移動電信公司呢？提供大家參考，運動服飾領域第一大廠 Nike 為 380 億美元、愛迪達為 675 億美元。

　　總市值是市場所評估的企業價值，反映了企業的過去、現在和未來，而未來則是其中最重要的變數。今年、明年的經營成果固然重要，但是對永續企業而言，未來五到十年、甚至更遠的長期成長性也會對股價造成極大影響。

　　Amazon 股票 2021 年交易額是預估收益的本益比（price to earnings ratio，PER）的 67 倍。以如此高的溢價成交，除了華爾街預測 Amazon 未來五到十年仍然會持續高速成長外，其中也包含了市場對於 Amazon 的信任，認為即使現在不能斷定，但日後 Amazon 仍會跨界至人工智能（AI）、醫療、金融、自動駕駛等產業，持續成長。

　　我們在交易房地產的時候總會認真研究市場價格，但是卻有許多投資人

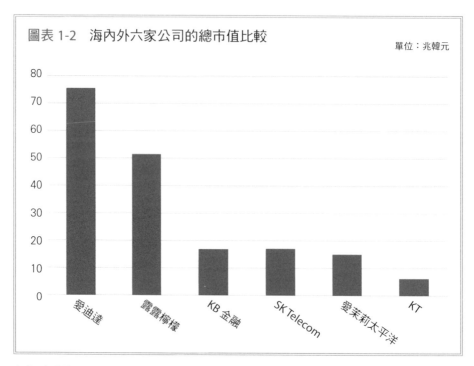

圖表 1-2　海內外六家公司的總市值比較

單位：兆韓元

出處：各公司

在不知道與房產市價同樣概念的總市值的情況下，便開始交易股票。我們在買房子的時候，除了市價以外，還會去研究自己有興趣之物件的每坪價格、周圍市價、學區、房租。股票投資人在面對自己有興趣的股票時，要養成習慣，至少要觀察該股票的總市值與海內外競爭對手的總市值走勢。

　　華爾街分析師預測，露露檸檬 2021 年的淨利將可以超過 90 億美元。露露檸檬之所以被以超過四十倍的本益比交易，就是因為露露檸檬作為高端運動服飾的領軍企業，市場對於它的品牌價值與成長性有所期待。過去十年來，露露檸檬的股價年平均上升 26％，營業利潤率超過 20％，每年盈餘正在急速增長中。

　　隨著生活模式改變，服裝時尚產業休閒化成為大趨勢，新冠肺炎後又使該現象更進一步加速，奢華服飾與運動服飾引領著整體服裝市場。Uniqlo 創辦人柳井正會長 2020 年 8 月時指出，「新冠肺炎使為期十年的變化一口氣襲來，正式服裝的時代已經結束了，越來越多人把運動服飾當作日常服飾」[1]，因而掀起一陣討論。

　　露露檸檬的商業模式非常卓越，它不只販售機能單純的瑜伽服飾，除了實體賣場的瑜伽課以外，也有開設線上的瑜伽課程，正在拓展著獨一無二的社群。

找到一間會像好兒子般守護自己的企業

> **問題3** 下列哪間企業十年來的股東總回報率（包含股利）高達每年20％？
> ①三星電子 ② NCsoft ③LG化學 ④ Costco

　　答案是④。連鎖倉儲式量販店 Costco 的股東總回報率（total shareholder return，TSR）過去十年來每年為 20％，同時期的三星電子為 16％、NCsoft 為 18％、LG 化學為 8％。投資股票的時候，股東總回報率是可以輕鬆計算出損益的方式，華爾街也經常使用。股東總回報率的概念是把一定期間內的股價走勢與殖利率（股利報酬率）加總，透過複利將其年率化。對股東來說，為了方便了解所得的總投資報酬率，並為了易於和其他公司進行比較，所以用百分比的方式來呈現。

　　股東總回報率（％）＝股價變動率＋殖利率（股利報酬率）

$$殖利率（％）＝\frac{過去十二個月以來所收到的總現金股利}{股價}$$

　　複利的力量非常強大，特別是長期投資生意穩定的公司，包含股利在內的總報酬率會以等比級數增加。雖然這屬於防禦性質，但是 Costco 就是具有兩位數高成長率之優良企業的代表性案例，2010 年以後 Costco 的每股盈

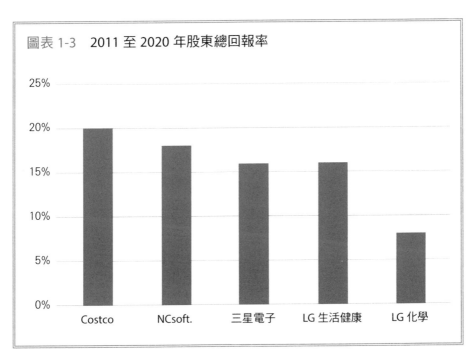

圖表 1-3　2011 至 2020 年股東總回報率

出處：各公司

餘（earnings per share，EPS）每年增加 12％。

　　Costco 是最具代表性的訂閱商業模式（subscription business），它在全世界約有一億名會員，每年繳納 60 至 120 美元左右的會費（台灣為新台幣 1,150 至 3,000 元不等），這直接關係到公司利潤，代表 Costco 每年都有 60 億美元以上的經常性（recurring）銷售額，而且每年續約的會員將近 90％。

　　華倫・巴菲特（Warren Buffett）所強調的投資原則就是，投資一間擁有簡單易懂的產品或服務，並具有護城河（moat）之可持續競爭力，且擁有優秀道德標準之經營團隊的企業。隨著投資人對於 Costco 優秀的商業模式信心大增後，股票交易價格比五到十年前本益比高出二十至二十五倍的 Costco 又再次被重新評價（stock re-rating），現在的本益比高達三十七倍。當然，

這歸功於超低利率，目前本益比給人一種過度上漲的感覺。

　　韓國的 LG 生活健康跟 Costco 的案例很相似，是一支不亮眼，但是總是待在身邊照顧自己的孝子股。LG 健康生活主要販售像后與 Su:m37 之類的高端化妝品與彈力蛋白、倍麗兒等生活用品，以及可口可樂之類的飲料，2004 年車錫勇擔任執行長兼副會長時期才 2 萬 7,000 韓元的股票，如今已經是 162 萬韓元，總市值更高達 29 兆韓元。受到利潤持續成長的助力，股價過去十年來每年漲幅 15％，預估 2020 年的殖利率也有 1％。雖然這支股票看似有些無趣，但是六年前買進 LG 生活健康股票的投資人，包括股利在內，本金已經翻了一倍。

Facebook高營業利潤率的決定性因素

問題4　Facebook營業利潤率一度高達50％。即便近期隨著政府加強規範，各種費用增加，但目前仍保有30％多一點的利潤。營業利潤率超過10％在股市裡已經算是不錯的企業了，是什麼原因讓Facebook的利潤格外的高呢？

①使用者數量多

②幾乎不用繳稅

③幾乎沒有原物料費用

④商業模式不需要設備投資與研發

答案是③。Facebook 營業利潤率表現如此優秀的最大主因，是因為幾乎沒有原物料費用。Facebook 在報酬率傑出的五大科技巨擘中，營業利潤率也算特別的高。Facebook 在 2017 年的營業利潤率高達 50％，但是後來設備投資與研發費用激增，且美國與歐洲加強對使用者數據的保護措施，再加上繳納罰鍰等因素，受到市場反壟斷的牽制，開始產生額外的費用。2018 年營業利潤率下跌至 45％，而 2019 年與 2020 年則維持在 34％。提供各位參考，蘋果的營業利潤率是 25％、Amazon 是 5％、微軟是 34％、Alphabet 是 21％，特斯拉則是營業虧損。

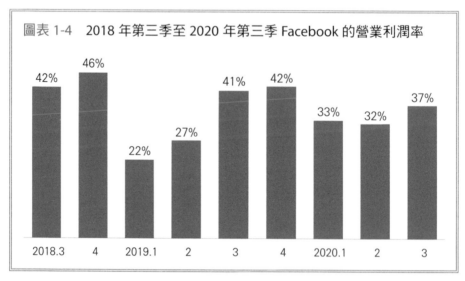

圖表 1-4　2018 年第三季至 2020 年第三季 Facebook 的營業利潤率

出處：Facebook

　　所謂的營業利潤（營業利益），指純粹透過營業所取得的利潤，從銷售額（營收）中扣除各種費用（生產相關的銷貨成本與銷售及一般管理費用）後計算而出，是與企業本業相關的核心指標。將營業利潤除以銷售額所得出的報酬率指標，就是營業利潤率（營業利益率）。

　　Facebook 是充分利用全球化、技術發展、網路效應達到高收益的代表性案例，商業模式非常卓越。比方說，我們每天進入 Facebook 的平台（包含 Facebook 以外的 Instagram、WhatsApp、Messenger 等），上傳個人資訊並觀看朋友的消息。雖然 Facebook 不會向我們收取費用，但是卻可以從中獲得我們免費提供的重要個人資訊，以此為基礎運作著這個巨大的平台。

　　每天十八億名（每個月二十七億名）Facebook 用戶進入平台，自主性提供的位置、場所、購買的商品、朋友圈、金融交易明細、醫院記錄等各種數據，站在 Facebook 的立場就等同於原物料，它可以利用這些數據從廣告公

司、零售業者身上獲得收益。

　　Facebook 2020 上半年的業績中，包含原物料費用的銷貨成本（73 億美元）低於研發費用（85 億美元）。銷貨成本裡不僅包含了軟體工程師的人事費用，也同時包含所有其他各種費用，但是也只佔銷售額比重中的 20％而已。

卓越的CEO是優勢、也是風險

問題5　特斯拉的股價漲幅驚人。華爾街分析師後來才認同特斯拉的軟體開發能力、系統營運技術及電池技術，他們在推薦投資人買進的同時，也提出了非常具有攻擊性的股價。雖然特斯拉的股價還有上漲的空間，但也有可能下跌。對於長期持有特斯拉股票的投資人而言，最大的風險是什麼？

① 蘋果、Google Waymo等科技巨擘進軍電子車市場的可能性

②伊隆‧馬斯克（Elon Musk）

③資金不足

④VW、現代汽車、GM等燃油車業者電動汽車生產增加所引起的競爭加劇

　　答案是②。特斯拉的股東必須注意關鍵人物（key man）風險，所謂的關鍵人物，是指組織內部的核心人物。如果組織對於這位關鍵人物的依賴性過高，當這位人物健康出現問題的時候，組織就會有無法正常運轉的狀況發生。

　　最近主導美國市場的特斯拉、Amazon、Facebook等公司的創辦人、或是最大股東擔任CEO角色時，他們會深入參與策略制定等經營過程。所有這些公司的關鍵人物風險都很高，但是特斯拉尤其高。馬斯克是一位天才經營者，他不滿足於現狀，持續不斷挑戰新的領域。有個情況雖然不會立刻發生，但令人擔心，就是當特斯拉一定程度步上軌道後，馬斯克會賣出持股，轉為專注在由他擔任大股東的太空探索公司SpaceX。馬斯克從以前就有移

民火星的夢想，物理學背景的他還會親自繪製火箭設計圖。

　　SpaceX 是 2002 年由馬斯克私人出資 1 億美元所成立的公司，他熱愛這間公司。SpaceX 的企業價值（enterprise value）已經高達 460 億美元，外界評價 Space X 是全世界太空相關新創公司中最具前瞻性的公司。最近馬斯克的 Twitter 上，90％以上都是跟太空、火星、SpaceX 相關的內容。

　　馬斯克在 2004 年投入電動汽車事業以前，就已經有過兩次創業成功後賣掉公司的經驗。1999 年他將網路企業 Zip2 賣給康柏電腦，在二十幾歲的時候就賺到了 2,200 萬美元的高額資金。後來他新創的網路銀行 X.com 與 PayPal 合併，PayPal 於 2002 年被賣給 eBay，馬斯克將持股售出後賺取了 1 億 8,000 萬美元，他拿著這筆錢投資了特斯拉，並參與特斯拉的經營。特斯拉持股價值超過 2,000 億美元的馬斯克，現在究竟在打著什麼算盤呢？

　　投資一定有風險，東學螞蟻（譯按：形容近期大量投入韓國股市的散戶）與外資之間最大的差異，應該就在於面對風險的態度。外資會確實分析投資標的的風險，避險基金也會尋找規避風險的方法。挑選股票時，只要養成設定一年、三年的目標股價，並且衡量五大風險（請參考第三章），就可以減少失誤。

三星電子的股價究竟會漲到多少

問題6 半導體、汽車、航空、石油化學、鋼鐵、造船等，是企業利潤會受到景氣左右的典型景氣循環股（cyclical）。這種股票要在什麼時候買進才能夠將收益最大化呢？

①本益比低的時候

②本益比高的時候

③短期交易有點難度，不過長期持有的話，可以有一年10%的預估收益

④很難賺到錢

　　答案是②。我推薦各位在本益比高的時候（或是因為公司虧損無法計算本益比的時候）買進，並且在本益比最低的時候賣出，通常以跟一般投資套路相反的方式投資景氣循環股，就能賺取豐厚的收益。

　　投資的最佳時機，就是公司前途茫茫幾乎沒有營利，偶爾還出現虧損的時候，也就是該產業景氣落回前低點「T－9個月」左右的時候（圖表1-5），此時一年預估值中的本益比會高達數十至數百倍，是所有投資人避之唯恐不及的時間點。

　　反之，如果利潤達到高點的話（下一個高點「T＋18個月」），由於分母較大，此時的本益比就只有幾倍而已。由於市場具有優先反映基本面的傾

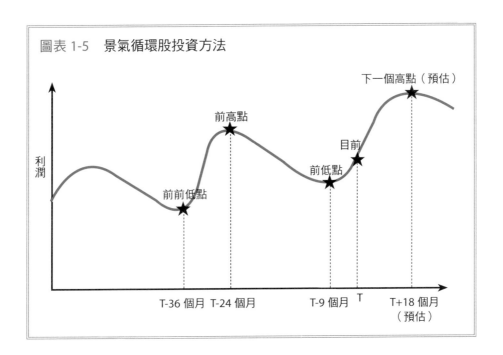

圖表 1-5　景氣循環股投資方法

向，股價的低點與高點是企業利潤變化的先行指標。

　　雖然景氣循環股很危險，但它之所以可以「飆漲」，正因為當它被徹底冷落的時候，股價多半會過度下跌。從一個週期的平均來看，這類企業的ROE（return on equity，股東權益報酬率）並不高。

　　業餘投資人往往會因為錯投景氣循環股而蒙受虧損，原因是他們不夠了解企業與產業的循環，沒辦法客觀判斷股價。

　　三星電子也屬於「半導體與 IT 景氣循環股」，隨著三星電子在業界領導地位增強，過去十年報酬率的低點和高點都有所增加。當 2019 年股價觸底之後才又重新開始一次新的循環，這也是為什麼 2020 年底三星電子的股價會突破 8 萬韓元。

　　三星電子的股價會與長期利潤週期同步波動，靠近利潤變化的時間點，

股價就會先行反應利潤。雖然股價仍會持續波動，不過後續的十二至十八個月之間仍會持續探索這次利潤週期的高點。所有分析家都預估三星電子的利潤至 2022 年為止將會獲得改善，如果套用於過去的週期，也許 2022 年或 2023 年股價將會攀升至利潤的高點。

　　分析家們在週期改善的時候，通常會出現猶疑不定提出保守預估的傾向。考慮到這點，假設 2018 年 24％的最高利潤將會重現的話，那麼 2022 年三星電子將達成 70 兆韓元的營業利潤，是 2020 年營業利潤的兩倍之多。

　　三星電子上一波週期的股價高點是 5 萬 7,000 韓元（2017 年 11 月之股價），相較於 2018 年最高每股盈餘（peak earnings）的本益比高達九倍。考慮到近期低利率、利潤波動放緩、部分公司治理改善，本益比的最高股票評價（peak stock valuation）會比過去高出十二至十五倍，再乘上 2022 年的每股盈餘的話，預估股價將落在 9 萬 3,600 至 11 萬 7,000 韓元間。

為什麼蘋果的總市值比三星高出五倍之多

> 問題7　三星電子的總市值為544兆韓元，蘋果的總市值則是2,461兆韓元（超過2兆美元），將近三星電子的五倍。蘋果目前正以iPhone為中心推出可穿戴式設備、服務等，多樣化發展業務。而三星電子的智慧型手機銷售數量高於蘋果，除此之外還製造與銷售半導體、零件、家電等各種產品。三星電子的商業組合看起來優於蘋果，下列哪一種解釋不能確切說明為什麼三星電子的總市值只有蘋果的五分之一？
> ①蘋果的公司治理能力優於三星電子
> ②蘋果過去兩年以來果斷買回了超過淨利規模的自家股票
> ③市場喜歡蘋果這種以設計、軟體為中心的資產輕量化模式勝過於三星這種需要大量投資設備的製造中心商業模式
> ④中國緊追在後，兩三年後三星電子的半導體事業競爭力堪憂

答案是④。華爾街認為從各方面來看，蘋果都比三星電子更勝一籌。公司治理的問題確實是三星電子股價的絆腳石，蘋果的 CEO 提姆‧庫克（Tim Cook）為了回饋股東，過去兩年來每年平均回購 700 億美元的自家股票。

2021 年的預估收益上，三星電子的本益比為十四倍，蘋果則為三十三

倍。像這樣股票評價（valuation）出現大幅落差的根本原因，就是因為商業模式。

中國的「半導體崛起」最近面臨試錯，雖然動力有所減弱，不過中央政府打算再次推動，身為世界最大半導體進口國的中國，絕對不可能輕易放棄這個產業。但是三星的半導體記憶體擁有「超大差距」的競爭力，中國完全不可能在五年內迎頭趕上。

全球金融市場只把三星電子視為是具有最大競爭力的「IT 硬體公司」，而 IT 硬體屬於設備產業。反之，蘋果已經轉型成一個擁有「十億」忠誠顧客組成之大型生態平台，為股價帶來溢價。

三星電子確實是韓國大企業中最具有成長性的公司，且股價受到低估。但是不管收益性再高，每年必須投資數十兆韓元工廠與設備的硬體中心資本密集型商業模式，華爾街仍不會給予任何溢價。

圖表 1-6　三星電子股票評價 vs 蘋果股票評價

	三星電子	蘋果
股價（2020 年 12 月 31 日結算）	73 美元	133 美元
總市值（包含特別股）	4,900 億美元	2 兆 2,151 億美元
2021 年預估淨利	350 億美元	666 億美元
本益比（總市值／2021 年預估淨利）	14 倍	33 倍

支配二十一世紀的不是資產、銷售額「巨大」的企業，而是受到擁有人才、知識、技術、數據的「聰明」企業所支配。與其說蘋果是 IT 企業，巴菲特認為蘋果是能夠持續創造經常性收益的全球最大消費者企業。

利潤的變動性，是股市不給資本密集雄厚之企業高分的原因。從產業特

性來說，大規模的投資會引發產品價格波動，導致利潤難以預測。雖然有將近百位的分析師主要在分析三星電子，不過每次的收益預估都仍有偏差。

　　三星電子與蘋果的總資產規模都是 370 兆韓元（3,330 億美元），但是內容組成卻大相逕庭。蘋果總資產裡有 58％是自由現金流，用於製造的有形資產只有 42 兆韓元（378 億美元），僅佔總資產的 11％。反之，三星電子的商業特性，每年必須在設備投資上花費超過 30 兆韓元（270 億美元），因此有形資產為 125 兆韓元（1,125 億美元），佔比接近總資產的33％。

持續穩定收益的家族企業

> 問題8　歐洲奢侈品牌大部分都是家族企業，而且大部分都有上市。下述的名牌裡，哪一間公司沒有上市，創辦的家族仍持有所有股份？
> ①香奈兒 ②愛馬仕 ③LV ④Moncler

　　答案是①。跟愛馬仕爭奪精品之王地位的香奈兒，基於封閉的家族原則並沒有上市。香奈兒於 1910 年在巴黎創立後，把經營成果也視為家族機密，一直到 2017 年，歷經一百零八年後才首度公開業績。不出所料，香奈兒是一間超級績優企業。

　　香奈兒的營業利潤率為 28％，雖然略低於愛馬仕（超過 30％），但已經是業界最高等級了。香奈兒的銷售額規模不僅超過 Gucci，更逼近 LV。持有 LV 品牌的 LVMH（Louis Vuitton Moet Hennessy）與愛馬仕的股票都上市於巴黎交易所，而 Moncler 的股票則是流通於米蘭交易所。

　　瑞士金融機構——瑞士信貸集團（Credit Suisse）分析指出，2006 年以後，全世界主要家族企業的股價，每年都大幅高於其他上市公司 3.7％，原因是家族企業的所有人意識強烈，他們總是會以長期觀點進行投資，創造穩定的收益。

　　家族企業的銷售額成長率比一般企業高出 4 至 5％，利潤也高出 2％。除了身為大股東的家族以外，少數股東也可以享受到股價上漲所帶來的利潤，得以創造雙贏。不過家族企業的股價，第一代與第二代時雖然成績斐

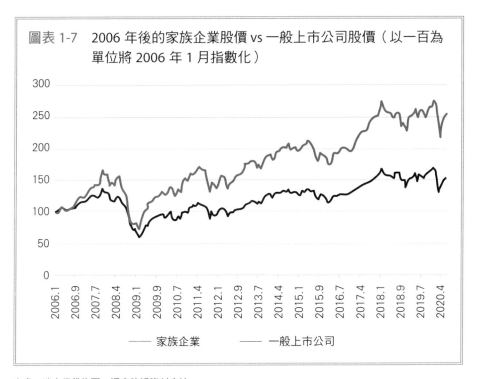

圖表 1-7　2006 年後的家族企業股價 vs 一般上市公司股價（以一百為單位將 2006 年 1 月指數化）

出處：瑞士信貸集團、湯森路透資料串流

然，但是隨著「金湯匙」副作用出現，第三代開始業績就會下滑。

　　除了沃爾瑪、雅詩蘭黛、好時、福特等美國企業以外，歐洲也有許多家族企業，如嘉士伯、海尼根、BMW、萊雅、羅氏、印地紡（Inditex，Zara 母公司）等。特別是歐洲的奢侈品牌幾乎都是家族企業，其中最具代表性的有法國的 LVMH、開雲（Kering）、愛馬仕、香奈兒和義大利的 Moncler 與 Prada。

　　持有全球最大零售業的沃爾頓（Walton）家族，保有公司 50% 的持股，光是創辦家族的持股價值就高達 2,000 億美元。低風險且商業模式優良的沃爾瑪股價，過去十年來每年持續增長 10%，長期持有極具魅力的沃爾

瑪股票，就等同於跟沃爾頓家族搭上同一艘船。

　　我們熟知的美國巧克力製造銷售公司——好時，是由赫氏（Hershey）家族於 1894 年創辦，巧克力生意的營業利潤率超過 20%，而且能夠持續增長，股價在這十年來每年上漲 11%，還可能有 2% 左右的殖利率作為獎金。

　　透過併購（M&A）壯大勢力且持有 LV、Dior、Fendi、Sephora 等七十五個奢侈品牌的 LVMH 總市值為 3,100 億美元，多虧了貝爾納・阿爾諾（Bernard Arnault）董事長的交易技巧，過去十年來 LVMH 的股價每年上漲 15%。

　　持有 Gucci、寶緹嘉（Bottega Veneta）等十五個名牌的開雲集團也頗具魅力，法蘭索瓦－昂希・皮諾（Francois-Henri Pinault）董事長保有家族 41% 的持股。以價值數萬美元的柏金包與凱莉包著名的愛馬仕，和主要銷售數千美元之高價冬天羽絨外套的 Moncler 都是家族企業。我們在進行長期投資的時候，就得以與這些家族共同成長。

韓國本土銀行股可以買嗎

問題9 過去十年以來，KB金融、友利金融、新韓控股、韓亞金融等韓國國內四大金融控股公司的股價（不含配息）每年上漲多少？
①每年6% ②每年3% ③每年0% ④每年−3%

　　答案是④。過去十年來代表韓國本土銀行產業的金融控股公司，股價持續走跌。雖然股利可以抵消股價下跌的部分，但是四大金融控股公司的股價，十年來仍年均下降3%，其中以友利金融（−5％）和新韓控股（−4％）的跌幅最大，而KB金融（−3％）和韓亞金融（−2％）也不遑多讓。

　　股價淨值比（price to book value ratio，PBR）可以呈現出股價對比淨值的倍數，而我們會使用股價淨值比來評價金融股的吸引力。雖然我們可以主張股價淨值比太低代表股價被低估，不過同時也表示股市極度擔憂這間公司的基本面。韓國四大金融控股公司的股價淨值比（PBR）為0.4倍，是全球最低標準，甚至還比不上大股東是中國共產黨的中國四大銀行。股市為什麼給予殖利率（股利報酬率）6%左右的韓國四大金融控股公司如此殘酷的評價？

　　原因就在於政府的過度干涉。將經營重點擺在連任的金融控股公司領導階層、結構性內需停滯、與FinTech（金融科技）間的競爭，都屬於利空消息。

　　同時在香港與倫敦上市的渣打銀行和滙豐HSBC股票非常便宜，股價

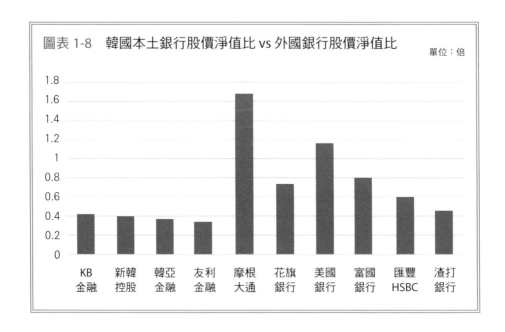

圖表 1-8　韓國本土銀行股價淨值比 vs 外國銀行股價淨值比

單位：倍

淨值比分別只有 0.5 和 0.6 倍，一旦中國與亞洲景氣復甦的話，利潤改善將會明顯增快。現在我們眼中的韓國本土四大控股公司 6% 殖利率雖然看似很多，但如果利潤減少的話，股利也會跟著下調。

　　韓國銀行業的前景依然不透明，費用仍然較高，競爭也激烈，也沒有價格決定權。日後市場也會持續受到 KakaoBank、NAVER Financial 等 FinTech 的蠶食。就算銀行想關掉虧損的分行，金融當局也不會允許，長期投資人沒有理由要買進必須拖著龐大分行的韓國本土金融股。

股票報酬率 vs 不動產報酬率

問題10 過去十年來，首爾大樓與美國股市之中哪一個報酬率更高？

①首爾大樓

②美國股市

③兩個年報酬率都是14%

④不動產報酬率無法計算

　　答案是②。過去十年美國股市包含股利在內的年化總報酬率為14%。2008 年開始，首爾大樓包含推估之 2 至 3%的租金收益在內，年化總報酬率為 8 至 9%。1950 年以來，以美國、歐洲、日本等十六個先進國家為例，股票的總報酬率為 13%，略高於不動產總報酬率 12%。

　　韓國股票的年化總報酬率過去十年來為 7%，而全球股市的總報酬率則是 10%。同時期三星電子包含股利在內，年化報酬率為 16%，然而除了三星電子以外的韓國股市年化總報酬率僅有 3%，這表示過去十年來，除掉三星電子以外，大部分的韓國股票都不具有投資優勢。

　　大樓總報酬率＝房價變化率＋租賃報酬率

　　股東總回報率＝股價變化率＋殖利率（股利報酬率）

　　不動產的投資收益來自於房價上漲產生之市值差額加上租賃收益。與此

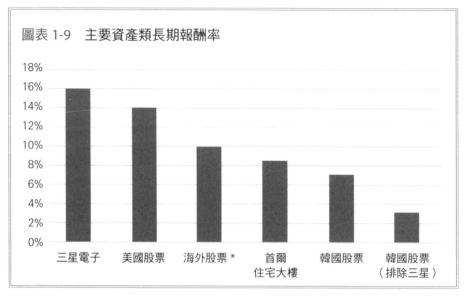

圖表 1-9　主要資產類長期報酬率

* 海外股票包含美股
** 股票計算為過去十年，不動產為過去十一年

同理，股票投資收益為股價上漲產生之市值差額加上股利。2020 年夏天，大韓民國最熱門的新聞是〈首爾大樓平均交易價格突破 10 億。2013 年停滯於 5 億韓元左右的平均交易價格，時隔七年飆漲一倍〉。

七年內價格從 5 億 2,000 萬韓元上漲至 10 億 1,000 萬韓元，代表每年價格都上漲了 9.9%，這就是所謂複利的魔法，雖然價格上漲了將近兩位數，但卻不足為奇。在超低利率時代下，作為風險資產的房地產與股票每年上漲10%，不是一件極為正常的事嗎？

公務員、政治人物、媒體、公民團體都在沒有客觀的計算下，以粗估的方式判斷不動產市場，發表高見，真是令人心寒。不動產至少要從十年以上的長期觀點出發，以複利的方式計算出年化報酬率後，才能夠跟股票這類的其他風險資產報酬率進行比較。股票和不動產雖然有相似的地方，卻是性質

非常不同的資產，我所統整出來的特性如下：

- 股票的報酬率雖然略高於不動產，但是變動非常大，會大幅受到景氣影響。
- 不動產的風險比股票小，因為總報酬率中，穩定租賃收益（相較於房價上漲的幅度）的佔比較高。
- 股東總回報率中穩定的股利佔比較低，股價上漲更加重要。
- 進入二十一世紀後，像 Amazon、Facebook、Alphabet、特斯拉這樣沒有股利，但是以高成長作為武器，透過股價上漲回饋股東的企業有增加的趨勢。
- 居住用的不動產報酬率與股票報酬率的關聯性較低，同時持有兩種資產的話可以降低風險。

分析並比較完韓國股票與不動產長期報酬率所得出的結論是，每當擁有閒置資金的時候，應該以合理的價格買進好股票並長期持有，事實已經證明，績優股可以帶來高於房產的報酬率。不過房地產具有利用貸款或傳貰（譯按：韓國特有的租屋模式，向房東支付一大筆押金後就可免費取得房屋使用權，期滿時房東會全額歸還押金）開槓桿將投資效益最大化的優點。

第 **2** 課

養成投資的七個好習慣

跟投資贏家學會七個好習慣，大大提高你的勝率。

機會比想像中離你更近

身為特斯拉的投資人，就應該試乘 Model 3

世界上最成功的投資人——巴菲特，絕對不投資自己不懂的產業，而且終其一生遵守著這個原則，即便市場聚焦在 IT 產業上引發股價飆漲，他也仍然不動心，因此他不曾犯下大錯。

巴菲特的想法是：「這個世界上有這麼多好企業可以投資，為什麼要堅持在自己不熟悉的領域上孤注一擲？」他認為蘋果不是 IT 企業，而是一間架構出龐大生態系的消費者企業，便因此投資了蘋果。

身為史上最成功避險基金之一的美國老虎基金，也會集中投資在研究與資訊取用（information access）中比較具有優勢的消費／消費者、健康／製藥、金融、通訊等產業。頂尖 IT 產業的創新速度非常快，總公司位於紐約的老虎基金認為，他們不僅無法正確了解核心技術，也難以跟上矽谷變化的速度。

據說韓國散戶手上持有上百億美元價值的特斯拉股票，但是這群韓國散戶之中，究竟有幾個人真的去試乘過特斯拉的電動汽車？投資了特斯拉的股票卻沒有使用過特斯拉的產品，作為投資人在第一步就走錯路了。直接打電話給特斯拉車廠，可以預約試乘 Model 3、Model S、Model X。當然身為股東，並不代表就有測試該企業產品的權利，但是想要成功投資的第一步，就是在體驗完某項產品或服務後對那家公司產生興趣，因此就要養成閱讀相關

新聞並確認經營成果的習慣。

　　我是 2015 年在香港工作的時候，因為搭了朋友的 Model S 後才開始關注特斯拉，當時掛在前座中間十七吋的直立型螢幕令我大感衝擊，電動汽車的加速能力對我來說也是全新體驗，從靜止狀態加速到時速一百公里的時間不到四秒。

　　2017 年底我在首爾買了一台特斯拉的電動車。一開始充電有些不方便，但是電動車的性能與幾乎為零的保養費用壓倒性地擊敗了缺點。早晨坐進特斯拉的時候，偶爾螢幕上會出現軟體更新完成的訊息，我會感覺這台車不像機械，而是一台 IT 機器。

　　被評分為一百二十分的特斯拉電動車體驗，2018 年初開始散播開來，當時特斯拉的股價徘徊在 50 至 60 美元，是目前股價的十三分之一。短短的三年之前，除了華爾街之外，連汽車產業對於電動車的未來都還處在不確定狀態。當時韓國著名汽車零件公司董事長也在參訪特斯拉位於加州弗里蒙特的工廠後，認為其水準遠不及韓國汽車的組裝產線。但是直接體驗過特斯拉產品的我，直覺性地認知到了特斯拉的商業模式非常優越。

　　iPod 則是另一個從生活中找到投資靈感的案例。2007 年由史蒂夫・賈伯斯（Steve Jobs）正式推出 iPhone，成為二十一世紀最強大的消費者產品，同時也是時代的標誌。iPhone 的原型是 2001 年問世的 iPod，據說賈伯斯高度參與了 iPod 的外型與設計，iPod 是一款使用者環境簡單且設計簡約的攜帶用數位音樂播放器。由於串流音樂服務市場崛起，雖然 iPod 已經不再是蘋果的主要產品，但是 iPod 已經累積銷售了四億台以上，是在六年後誕生的 iPhone 之前，非常熱銷的商品。

　　2003 年底為了營運專為外國投資人設置的避險基金，我和家人一起移居至新加坡，當時我每天早上都看到一幕非常特別的光景。為了接送孩子去

國際學校上學，一上到校車便可看見所有學生都在用 iPod 聽音樂，我還記得當時才小學四年級的大兒子一直纏著我，要我買一台 270 美元的高價 iPod 給他。

現在價值 130 美元的蘋果股票，2004 年上半季的交易價格還不到 1 美元。世界頂尖品牌蘋果重新誕生，後來蘋果以 iPhone、iPad、Air Pod、Apple Watch 為高端產品組合拉開了序幕。

不要錯過了變化

股價會在企業基本面發生變化的時候大幅上漲或下跌，也被稱為「轉折點」（inflection point），是能讓每年成長 5％的企業轉換成 15 至 20％的時間點。我們所喜愛的德國品牌愛迪達，股價從 2016 年的 100 歐元開始一路上漲到 2020 年的 290 歐元。愛迪達一甩過去平凡的設計，再加上酷（cool）的元素，與穩居第一寶座的 Nike 運動鞋相比，投資動力好轉，使股價一舉突破了上漲的轉折點。

反之，如果有強勁的新平台進入在政府架構的框架下處於「安逸」狀態的產業，原有的企業就會突破下跌的轉折點。2020 年底 KakaoBank 成功吸引美國私募基金 TPG 的投資，企業價值估算高達 9 兆 3,2000 億韓元，遠遠超過了韓國四大金融控股公司之一總市值 7 兆韓元的友利金融。

隨著 2018 年成立第二年的 KakaoBank 使用者突破上百萬人，四大金融控股公司全部都面臨下跌的轉折點，就連四大控股公司中表現最優異的 KB 金融，從 2008 年的高點到 2020 年的低點，股價已經下跌了 50%。驚人的是，我身邊在新韓銀行、韓亞銀行、花旗銀行等主要銀行上班的後輩，在轉帳的時候都使用 KakaoBank 的 app。

　　KakaoBank 每個月有 1,250 萬人的流量，是韓國人最常使用的銀行 app。在各界期待 KakaoBank 未來發展的同時，也預測傳統銀行的顧客、品牌、收益將會被 KakaoBank 奪走，這已經是無法挽回的趨勢了。

　　請多關注自己有興趣並有助於獲取資訊的產品和服務動向，了解國內新聞、各種媒體和網路上的消費者反應也很重要。如果自己跟朋友都喜歡某款遊戲，就投資國內外的遊戲公司，或者是像輝達（Nvidia）這類的頂尖視覺計算技術公司，相對來說會較有優勢。

　　透過個人網絡或與朋友見面獲取產業洞見也很重要。如果你有朋友在 SK 海力士半導體設備供應商旗下工作，就可以透過和他聊天，抓到明年對於半導體記憶體週期的感覺。

　　一旦感受到變化，養成仔細觀察的習慣很重要。如果是消費者產品，搶先其他人去嘗試，可以幫助你預測企業業績。十年前如果你持有身為農心競爭對手的不倒翁股票，那麼 2011 年 4 月農心高端品牌「辛拉麵 Black」推出時，你就應該要勤勞地當天去超市買一包來試吃。

　　心情保留餘裕且放遠來看，股票投資十分有趣，不僅可以研究新的領域，如果投資了一間新經濟型態的企業，還能夠學習創業者成長的故事。

　　想要成功投資，必須要具有下列三大要素：

- 求知欲
- 仔細觀察的能力
- 親自體驗新產品的勤奮作風

找資料、分析資料、觀察風險

為了搜集資料而發射人造衛星的避險基金

當蘋果推出新款 iPhone 的時候，華爾街的分析師就會分析 iPhone，確認裡頭的零件並計算總成本，推測 iPhone 的銷售利潤。日本的 IT 產品分析公司 2020 年公布的 iPhone12 分析結果指出，「蘋果智慧型手機中，韓國零件業者的存在感正在提升」。

特別是由三星和 LG 提供的 OLED 螢幕價格約 70 美元，約佔 iPhone 成本（373 美元）的 19%。韓國零件總共佔比 27%，其餘是由三星電子和 SK 海力士所提供的 DRAM、快閃記憶體等高價半導體[1]。

蘋果應該會盡可能避免向高端智慧型手機市場競爭對手——三星電子購買核心零件，但由此看來蘋果並沒有太多選擇餘地，這也同時體現了三星電子大幅超前的實力。

外國的大型避險基金，為了趕在企業公布季度業績前比他人更快獲得生產與銷售的資訊，花了數億美元發射人造衛星。2018 年 8 月間隔三週時間所拍下的兩張特斯拉弗里蒙特工廠人造衛星照，看起來是某家避險基金為了確認特斯拉 Model 3 的量產出貨和庫存數量所拍攝。規模較小的基金也會使用價格較低廉的無人機。

作者 2010 年在美國美林證券亞太總部工作時，從某位投資印尼煤炭公司的避險基金客戶處聽到了一段有趣的故事。他說為了推測煤炭存礦量，他

使用人造衛星每天數著載煤炭的大型卡車數量。為了在股票市場上成功，資訊競爭就是這麼激烈。

想要成功投資，還需要具有把財經新聞與財務報表連結分析的能力，要能夠從中挑出說謊或是誇大其詞的 CEO。

我在想韓國投資人之所以想找到短期內可以上漲數倍的股票（超過百年以上的美國股票市場歷史中，每年能上漲數倍的熱門股票並不多見），是不是因為沒有機會好好接受正確的經濟學、投資教育所導致。2020 年 49 萬 3,000 位高考考生中，報考經濟學科目的學生只有 1.3％，在九科社會探索科目考生中，參加經濟學科目考試的學生也只有 2.5％ [2]。經濟學是大學畢業就職後，在社會生活中最常用到也需要的知識，不免令人為我們韓國的高等學校教育現況感到惋惜。

我們需要一堂彙整會計、財務分析基本概念的投資教育，也需要養成深度思考風險的習慣。不論是美國還是韓國，一支股票已經上漲數倍並開始出現在輿論媒體上的話，我們應該更仔細觀察這支股票的下行因素（downside）而非上漲因素（upside）。

富達投資為什麼長期持有 LG 生活健康的股票

富達投資是全球最大的資產管理公司之一，2011 年至 2016 年亞太與日本的研究負責人萊昂‧塔克曾為韓國投資人選出一到兩支他印象最深刻的韓國企業。2020 年冬天，塔克回答 LG 生活健康的改變令他最印象深刻。他說以下幾點是富達投資長期持有 LG 生活健康股票的原因：

- 領導層的變化：2004 年任命曾經擔任寶僑（Procter & Gamble，P&G）

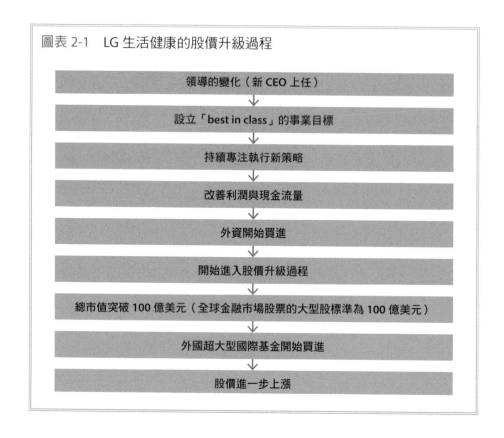

圖表 2-1　LG 生活健康的股價升級過程

領導的變化（新 CEO 上任）

設立「best in class」的事業目標

持續專注執行新策略

改善利潤與現金流量

外資開始買進

開始進入股價升級過程

總市值突破 100 億美元（全球金融市場股票的大型股標準為 100 億美元）

外國超大型國際基金開始買進

股價進一步上漲

韓國社長的車錫勇擔任 CEO 後，LG 生活健康設立了「best in class」的事業目標，引領公司改變。

- 產品組合合理化：減少產品數量，集中精力銷售前 20% 的高利潤品牌，停止生產不賺錢的產品。
- 積極活用 K-beauty/K-wave：在增加包含中國在內的海外出口量時，也確實打造出高端品牌的形象。
- 避免競爭激烈的普通商品，專注在附加價值較高的健康食品、機能性化妝品。

圖表 2-2　LG 生活健康普通股股價走勢（2001 年至 2020 年）

200 萬韓元

157 萬 6,000 韓元

133 萬 3,333 韓元

66 萬 6,666 韓元

0 韓元

2001.4.1.　　　　　2011.2.11.

出處：Yahoo Finance

　　LG 生活健康是韓國最具代表性的消費者股票，以下是塔克所解釋的 LG 生活健康良性循環過程。

　　從 LG 生活健康的策略性變化就得以預見公司會正式復甦，捨棄掉虧損的部門後，現金流量（cash flow）會穩定增加，當公司進到本益比拉高的升級階段後，長期下來利潤會持續成長。韓國股票市場大部分充斥著 IT 硬體、汽車、鋼鐵等利潤變化劇烈的景氣循環產業，而這項優勢就足以讓 LG 生活健康從中脫穎而出。

　　隨著總市值增加，只能投資超大型股的超大型國際基金（international

funds）開始產生興趣，結果會改善股票的供需，隨著買超勢力出現，就會持續帶動股價上漲。

LG生活健康不會像電動車鋰電池或線上遊戲股票一樣，幾個月之內出現50%的漲跌。LG生活健康的三大主要事業為Su:m37這種高端化妝品，或是彈力蛋白、倍麗兒這類的生活用品，以及可口可樂這類的飲料。LG生活健康超越了雪花秀，在中國著實打造出高端形象後，藉由主力化妝品帶來超過20%的營業利潤率。

LG生活健康到2020年第三季為止，已經創下了營業利潤「連增二十六個季度」的記錄。雖然創下了高成長的記錄，但是在全球超過300兆韓元的化妝品、保養品市場中，只達成了1%多一點的市佔率，日後有諸多成長的可能性。再加上中國的高端市場商機可謂是無窮無盡，2020年中國最大的購物活動——光棍節（雙十一）中，后、Su:m37、O Hui、VDL、CNP等六個奢侈品牌銷售額相較2019年增加174%，創下15億5,000萬人民幣的銷售記錄，並成為化妝品品牌中，繼雅詩蘭黛與蘭蔻（萊雅旗下品牌）的第三名[3]。

得利於利潤持續成長，LG生活健康的股價十年來的年化報酬率上漲至15%，五年的年化報酬率則是10%，預估2020年殖利率將會有1%。

從LG生活健康過去十五年的變化我們可以看出，一位有能力的CEO可以改變企業的體質。車錫勇副會長在美國拿到MBA後，在P&G任職了十五年，P&G是行銷與消費者產業的軍校，製造並銷售著我們熟知的吉列（Gillette）刮鬍刀、SK-II化妝品、歐樂B牙刷、汰漬（Tide）洗衣精。

車副會長在一流跨國企業接受訓練後，在韓國大企業裡，包含數十次併購交易在內，盡情施展著自己的策略。他改變了企業文化，LG生活健康也獲得了朝橫向交流發展且決策速度快的評價[4]。

　　車副會長是 LG 生活健康的資產，他打造了現在這套商業模式，十五年來不斷提升企業價值，從高達 46％的外資持股率就能看出外國投資人非常信任車副會長，但這同時也是 LG 生活健康最大的風險。高齡六十七歲的他總有一天會離開職位，幾年後如果他宣布卸任，可能會引發外資連續幾個月持續拋售。

　　上述我們了解了 LG 生活健康的狀況，這個故事也告訴我們如何挑選成功企業的投資框架。也就是說選擇投資企業時，應該要先確認以下幾點：

- 公司是否有優秀的經營團隊與人才？
- 主要產品的市場規模大嗎？日後成長的可能性高嗎？
- 有沒有具有競爭力且具有區別性的產品和服務？
- 有無建立市場信譽？

—— 知識補給 ——

P&G 與三星電子的股東總回報率是多少

　　複利的力量很強大，特別是長期投資事業穩定的企業，包括股利在內的總報酬率將會成幾何倍數成長。全球最大的家用消費者產品企業 P&G 的總市值高達 3,400 億美元，1837 年始於美國俄亥俄州的 P&G，得利於持續不斷的需求，過去六十四年來每年都在增加現金股利，還被譽稱為「股利之王」（dividend king）。

　　P&G 作為最具代表性的跨國企業，也是一間友善股東的企業。進到 P&G 的 IR（Investor relations）首頁，就可以使用「Stock Return Calculator」，學習以複利計算股東總回報率的方法。

　　截至 2020 年 12 月 31 日止，最近五年以來，單純以股價上升的部分計算 P&G 的股東總回報率，年化報酬率為 12%。也就是說 2016 年 1 月 1 日投資 100 美元的話，五年後就會增加至 178 美元。如果我們繼續將每一季獲得的現金股利再投資（reinvest dividends）回 P&G，五年來的股東總回報率將會成長至每年 16%，100 美元的本金將會變成 206 美元。以前的殖利率是 3 至 4%，如果把這筆錢再投資回去，每年的報酬率將會提高 4%。

圖表 2-3　P&G 股東總回報率（每季現金股利再投資）

	五年	十年
股價上漲率	每年 12%	每年 8%
股價總報酬率	每年 16%	每年 11%

圖表 2-4　三星電子股價上漲率

	五年	十年
普通股股價上漲率	每年 29%	每年 15%
特別股股價上漲率	每年 30%	每年 19%

　　如果把時間拉長至十年會怎麼樣呢？過去十年來 P&G 的股價上漲率為每年 8%，因此 2011 年 1 月 1 日投資 100 美元的話，現在就有 215 美元。如果持續將股利拿來購買股票，總報酬率將會上漲至每年 11%，100 美元的本金十年後將會變成 293 美元。

　　三星電子的 IR 首頁上也有類似的功能，但是只能夠在使用者指定的期間內，計算出普通股與特別股的價格上漲率，並沒有計算將股利再投資之股東總回報率的功能。但是單純看股價上漲的部分，三星電子普通股過去五年來上漲 29%；十年來上漲 15%，特別股的股價上漲率則是五年來每年 30%；十年來每年 19%，而殖利率大約在 2% 左右[5]。

過度交易會使報酬率變差

為什麼女性更擅長投資

　　2001 年加利福尼亞州立大學的布拉德・巴柏（Brad Barber）與特倫斯・歐丁（Terrance Odean）教授共同發表了論文〈男生終究是男生：性別、過度自信和普通股投資〉（Boys Will Be Boys : Gender, Overconfidence, and Common Stock Investment），研究內容非常有趣，有關於男性賀爾蒙與股票投資成果的反向關係。研究結果指出，在金融投資方面，基於男性比女性更有自信，會進行更多交易，反而會損害報酬率。

　　我曾受助於蓋洛普研究所，研究了 1991 年至 1997 年美國 3 萬 5,000 戶家庭的股票交易結果，發現男性交易次數比女性多出 45％，結果反而使年報酬率低於女性 1％。巴柏和歐丁教授分析指出，男性之所以股票交易比女性更加頻繁，是因為他們高估了自己的能力，誤以為自己非常了解股票的合理價。對自身的能力過度自信，就會引發具攻擊性的賭注行為，醫學界主張這是受到了男性賀爾蒙中睪固酮的影響[6]。

　　2017 年富達投資的 CEO 兼總裁阿比蓋爾・詹森（Abigail Johnson）曾說道：「女性投資者不會高估自己的能力，反而有低估的傾向」，這是富達投資分析長期間積累的男女性投資取向數據所得出的結論。詹森總裁說明：「女性比男性更能守住投資資產，即便是經驗非常豐富的女性投資人，某一方面還是認為自己是初學者。女性在學習上面更加積極，也會以更合理的方

式投資」。學習的態度在股票投資上也是非常重要的一環，求知欲、細心觀察的能力、親自體驗新產品的勤奮作風，是達到成功投資的必備要素。

　　韓國最近也發表了類似的研究結果，證實在股票投資方面男女之間確實有差異。NH 投資證券以 70 萬個新開股票帳戶為對象，調查了 1 月至 11 月股票投資的成果，結果女性投資人的平均報酬率為 24%，高於男性投資人（18%）。特別是持續持有三星電子、Kakao、現代汽車等績優股的三十至四十歲女性的報酬率為 26%，壓倒性勝過最頻繁交易的二十歲男性報酬率（4%）。以美國來說，單身男性的交易頻率大幅高於單身女性，因此報酬率表現更差，韓國隨著「股票新手」逐漸增加，也開始出現類似的傾向，令人憂心。

雷曼兄弟如果是雷曼姐妹的話

　　前任 IMF 總裁、現任 ECB（European Central Bank，歐洲中央銀行）總裁克莉絲蒂娜・拉加德（Christine Lagarde）曾經針對雷曼事件說道：「如果雷曼兄弟是雷曼姐妹的話，現在的世界一定會有不同的樣貌」，強調了女性除了能力以外，還有各種多樣性（diversity）的功能。2008 年全球金融危機當時，除了倒閉的雷曼兄弟以外，大部分華爾街的交易台上男性佔比 95%以上，頻繁發起具攻擊性的交易，風險管理方面十分不足。我在 1990 年代任職的 JP 摩根、2000 年代任職的美林證券等美國大型投資銀行紐約總公司交易櫃台，大部分也都是由白人男性所組成。

　　如果各位想建立一個投資俱樂部的話，請建立一個男女均衡的團體，而不要只以男性為主。女性比男性更擅長規避風險，也可能會有不同的想法，因此可以防止團體迷思（group think）的風險。巴柏教授與歐丁教授非常強

調下述群智（collective intelligence）的優點：

「我們所有人都擁有著一點關於這世界的知識，不過任誰都很難完全具備所有知識。但只要可以把存在於世界各地的零散知識好好集結起來，就可以解決我們的問題。『我們』比最傑出的『我』更聰明，選擇多數有很大的機率優於個人」。

海外避險基金大部分的情況下都會共享想法，一起走訪企業。老虎基金創辦人朱里安・羅伯遜（Julian Robertson）退休後，在老虎基金底下學習投資技法的門生被稱作為「小虎隊」（Tiger Cubs），其中以成為華爾街最大避險基金的維京（Viking）、孤松（Lone Pine）、老虎全球管理（Tiger Global）、Discovery、Maverick 最具代表性，他們各自以數百億美元的經營規模自豪，在華爾街發揮巨大的影響力。小虎隊基金成立初期曾在曼哈頓共享過辦公室，他們共享各種投資見解，從五六年前開始集中投資的股票就是Netflix。

男性具有過度自信且、誤以為自己很了解股票合理價的傾向，有必要接受群智的幫忙。

巴菲特的辦公室沒有電腦

股票投資以合理價格買進好公司的股票後，就是一場與等待之間的戰爭，因為一間好公司會持續成長、自己賺錢，每季或每半年也會發放現金股利。但是投資美股的散戶們每當美股開市時，每個晚上都會拿起智慧型手機看盤，度過一夜失眠，而投資韓國股票的散戶則是在上班時間查看股價走勢。但是這麼做會消耗我們的能量，使我們筋疲力盡（burn out）。

投資是一場三年、五年、十年的長跑馬拉松，但是以跑百米的方式，每

五到十分鐘就看一下股市行情，任誰都無法清楚做判斷。不斷確認股市行情，我們勢必會在尼古拉（Nikola）、賽特瑞恩（Celltrion）這種暴漲股票上追高，草率投入的資金必定會轉換成虧損。

　　過去五十五年來，平均年化報酬率高達 20 ％，被公認為股神的巴菲特，只將手上 2,700 億美元的資金用在長期投資之上。完全不做短期交易的他，辦公室裡面沒有電腦，包含秘書在內也僅有二十幾名員工。1962 年後，在同樣的辦公室裡不斷閱讀各種資料，這就是世界上最具智慧的投資人每天必做的事。

　　散戶若想提升報酬率，就必須遠離股票盤勢，長期持有精簡過的投資組合，才是一個明智的方法。上網不是只要確認股票行情，也必須積極確認關注的股票與競爭對手之間所處的產業相關新聞。

不知道總市值就想投資股票？

買進股票就是成為上市公司的所有者

在股票市場上買進股票，就是成為上市企業的所有者（owner）。巴菲特形容買進股票是取得企業部分持股，成為分式產權（fractional ownership）所有者的過程。少數股東的影響力雖然不及控制權股東、國民年金基金或者外資，但是仍有權享有企業的資產、未來利潤與股利。如果在朋友懇切的邀約下，我投資一千萬給朋友以資本額一億元註冊的新創公司，我會成為10% 股份的所有者。持股較多的友人作為控制權股東可以行使經營權，但是企業清算時，我仍具有財產餘額中 10% 的所有權。更重要的是，如果這間新創公司成功並大舉獲利，收益裡有 10% 是屬於我的份額。

投資上市公司也是一樣的道理，完全沒有任何不同的理由。如果用一千萬元買進農心、JYP、新羅酒店的股票，就等同於你成為擁有當前資產與未來收益持份的所有人。

- 擁有生產辛拉麵之農心公司 0.0006% 持股的所有人（農心總市值 1 兆 7,000 億韓元）
- 擁有知名製作人朴振英創辦之經紀公司 JYP 0.001% 持股的所有人（JYP 總市值 1 兆 3,000 億韓元）
- 擁有新羅高級酒店 0.0003% 持股的所有人（新羅酒店總市值 3 兆

2,000 億韓元）

　　若要進入投資的世界，就必須熟悉總市值。只要將目前股價乘以企業上市的股票數量就可以計算出總市值。

總市值 ＝ 目前股價 × 流通股數

　　買房子的人，除了物件售價以外，還會了解每坪售價、附近實價、學區、租金等資訊。股票投資人面對自己有興趣的股票，也應該要了解該企業的總市值、海內外競爭公司的總市值與動向。一位對遊戲業感興趣的投資人，除了龍頭股 NCsoft 和 Netmarble 以外，也要觀察珍艾碧絲、網禪、Com2uS，以及僅在場外交易之《絕地求生》開發商魁匠團的總市值走勢。勤勞的投資人還會進一步了解在日本上市的 Nexon，以及任天堂（日本）、騰訊（中國）、動視暴雪（Activision Blizzard，美國）等海外遊戲公司的總市值。

　　我們應該要試著去反省自己過去一年來所做的股票相關決策，究竟是投資還是投機，為的是防止以後犯下類似的錯誤，獲得更好的投資成果。所謂的投資是至少考慮一年以上，期望該標的達到一定程度的可預期結果，才買進有價證券或不動產。

　　想要投資股票就要知道總市值的多寡，也必須擁有產業知識，並且對於財務報表和至少兩三後的展望有卓越的見解。以此為基礎，期望日後獲得股利收入或股價上漲，才是所謂的投資，若非如此，就是投機。在不知道氫燃料電動車公司尼古拉總市值的情況下，今天以二十美元買進股票，期待兩三個月後以四十美元賣出，這就是所謂的投機。許多投資人在面對還無法證

明自家商業模式的新創企業時過於情緒化，與其說尼古拉是一支股票，不如說它是氫燃料汽車的選擇權（衍生性金融商品的一種）。

　　反之，如果曾在 Amazon 平台線上消費，了解 Amazon 的總市值與大韓民國 GDP 一樣是 1 兆 6,350 億美元，而且預估五年內 Amazon 可以每年成長 20% 以上，此時以 3,200 美元買進股票，就算沒有立刻拿到股利，也算是一種投資。Amazon 和 Facebook、特斯拉、Alphabet 一樣都屬於成長股（growth stock），他們在投資設備與研發上需要大量資金，為了繼續尋找成長的機會，所以不配息給股東，而將資金用在對未來的投資上。

2015 年總市值前十大的公司，現在還是前十名嗎？

　　1995 年韓國總市值前十大的企業中，有兩間對現在二三十歲的投資人而言非常陌生的公司，也就是大宇重工業和朝興銀行，這兩間公司都在 1998 年亞洲金融風暴（IMF 金融援助韓國事件）時倒閉，大宇重工業被斗山集團收購，朝興銀行則被新韓銀行併購。後來大宇重工業更名為斗山 Infracore，但不幸的是 2020 年成為斗山集團結構重整的一環，又再度被賣給現代重工業集團。

　　此外，韓國 2015 年總市值前十大的企業中，總共有七間已經被擠出榜外，只剩下前三名的三星電子、SK 海力士、現代汽車還在前十名榜單上，浦項鋼鐵、韓國電力、三星生命等傳統產業強者退位，其中新冠肺炎促進平台、生技、電動車相關企業發展也是起因之一。

　　韓國綜合股價指數 KOSPI 總市值前三十大企業中，包含硬體與服務業在內的 IT 產業比率在 2020 年底已高達 63%，相比 2015 年的 43%，僅僅五年的時間便大幅增長。韓國交易所指出，相同的比率在美國為 35%、日本

圖表 2-5　韓國歷代總市值前十大股票

	1995 年	2005 年	2015 年	2020 年	2025 年
1	韓國電力公社	三星電子	三星電子	三星電子	?
2	三星電子	韓國電力	SK 海力士	SK 海力士	?
3	浦項鋼鐵（POSCO）	LG 飛利浦 LCD	現代汽車	LG 化學	?
4	大宇重工業	POSCO	韓國電力	三星 Biologics	?
5	韓國移動通訊（SKT）	SKT	三星 SDS	賽特瑞恩	?
6	LG 電子	國民銀行	第一紡織	NAVER	?
7	現代汽車	現代汽車	愛茉莉太平洋	三星 SDI	?
8	油公（SK Innovation）	KT	三星生命	現代汽車	?
9	新韓銀行	LG 電子	現代摩比斯	Kakao	?
10	朝興銀行	S-Oil	POSCO	三星物產	?

出處：《韓國財經新聞》

10%、中國 7%，這表示韓國經濟經由三星集團過度依賴 IT 產業。

　　美國股市過去十年來的總市值排行也明顯大洗牌。2010 年前十大公司中只剩下六間，其餘四家已被擠出榜外，前五名被最具代表性的 FAMAG（Facebook、蘋果、微軟、Amazon、Google）五大科技龍頭佔據，特斯拉則擠進榜單排行第六。JP 摩根和富國銀行等傳統銀行從中退位，取而代之的是近似於 IT 企業的 VISA。

　　在德國，企業用軟體 SAP 仍穩坐第一，同時愛迪達的總市值超越了被稱為德國自尊心的 BMW。在加拿大也是由提供電商平台服務的 Shopify 位居寶座。

　　從前面韓國與美國總市值排行企業的漲跌就可以得知，我們非常難預測

圖表 2-6　美國歷代總市值前十大股票

	2010 年	2020 年（12 月 23 日統計）	2025 年
1	蘋果	蘋果	?
2	Alphabet/Google	微軟	?
3	微軟	Amazon	?
4	波克夏海瑟威	Alphabet/Google	?
5	埃克森美孚	Facebook	?
6	Amazon	特斯拉	?
7	GE	波克夏海瑟威	?
8	嬌生	VISA	?
9	富國銀行	沃爾瑪	?
10	摩根大通	嬌生	?

出處：《韓國財經新聞》

未來幾年的狀況。即便是比一般投資人擁有更多資訊的內部人士，也很難預測自己所就職企業未來一到兩年的發展。

　　蘋果、Amazon 等美國上市公司，大致上也只會正式公布下一個季度的預估收益。星巴克則是例外，星巴克有在官網上仔細公告一年預估收益的傳統。不過要預估未來一到兩年的發展，依然是一件非常困難的事。

看見企業這棵大樹之前，
要先看見產業這片森林

飯店是不動產業；半導體是時機事業

　　三星會長李健熙生前常對相關公司社長提出的要求之一，就是要確實了解自己所負責之企業的本質。也就是說，想要事業有成就，必須要掌握核心要素[7]。對於一般投資人來說也是如此，如果想在投資上取得成功，就必須努力了解該企業所處產業的本質。

　　1981 年江南 The Riverside Hotel 待售的時候，新羅酒店因為當時身為管理部本部長的前任三星物產會長玄明官反對，導致收購破局。李健熙會長曾惋惜表示：「飯店業的本質與其說是服務業，不如說是不動產，但我們卻與日益高漲的首爾江南地區酒店擦肩而過」[8]。關於三星的主力半導體事業，李健熙重新樹立了「良心事業兼時機事業」的產業概念。半導體事業不僅是由工廠的技師、到研究所裡博士級的研究員等數千名員工，在複雜的工序下不能有任何失誤，齊心協力一起合作的良心事業，同時也是一個要領先其他公司率先量產才能夠將利潤最大化的時機事業[9]。

　　李會長二十五年前就洞悉產業未來，他說：「透過生產賺錢這件事，記憶體（半導體）將是最後一個。長期看的話，我們應該著手準備製藥產業，醫療產業在二十一世紀將會開花結果。」現在看來李會長這番話真是意義深

遠[10]。

從這個觀點看來，現代汽車第三代經營者鄭義宣會長應該有確實把握住汽車產業的本質。汽車雖是典型的設備產業，但產線上機器與勞工的配合至關重要。鄭義宣會長上任後，2019 年 11 月就邀請勞動委員長李尚秀共進午餐，這是繼 2001 年父親鄭夢九會長直接拜訪勞動委員長後，集團會長首次與勞動代表一起用餐，這個行為就像是在對外宣告，他本人非常重視人才。

據說他還在與現代汽車的中國合資夥伴北京汽車（BAIC）的關係正常化上扮演重要角色，這在幾年前一直很困難。同情和體諒他人的能力來自於自信。

產業銀行會長李東傑與前任金融委員會委員長金錫東，就是體現出產業知識非常不足的負面案例。2020 年底產業銀行投入 8,000 億韓元支持大韓航空併購韓亞航空，但這看來並不是個明智的決策。

航空是全世界最資本密集的產業，也是最容易受到景氣影響的產業之一。企業經營策略專家、哈佛大學麥可‧波特（Michael Porter）教授分析1992 年至 2006 年各產業利潤的結果指出，三十一個產業中就屬航空產業的收益性最低[11]。

所以說，大韓航空該如何克服航空產業的結構性問題呢？在華爾街，新人訓練的原則之一，就是絕對不碰像航空這類的景氣敏感產業。這類產業景氣好的時候可以連續好幾年創下亮眼的利潤，但是景氣衰退時很容易陷入虧損的泥淖中，若債務過多就可能破產。

歷史上消失的韓進海運、大宇造船都是相同的情況。雖然半導體與汽車都屬於景氣敏感產業，但所幸三星電子、現代汽車 1998 年以外匯危機作為契機，了解到債務的可怕，堅持以不舉債的原則維持至今。大韓航空除了經營不善的問題以外，這段時間以來獲利的原因之一，是即便大韓航空票價高

於海外航空，韓國人民出於愛國心仍然願意買單支持。

我們身邊的韓國國內知名私募基金代表說：「我們都稱無能的產業銀行是破壞經濟原則的『韓國破壞銀行』（Korea Destruction Bank）」。

「龍尾更勝雞脖」

全球性管理諮商公司麥肯錫的研究告訴我們，不管是投資還是就業，選擇的產業都很重要 [12]。有些公司像軟體業一樣，高速成長又能創造出大規模的經濟利潤（economic profit，會計利潤扣除資本成本後的利潤），但也有很多像航空、石油／瓦斯／煉油、電力等需求停滯、連市場期待的最低收益都達不到的公司。隨著產業效應加速，產業兩極化也漸漸越來越嚴重。

麥肯錫的分析是基於 2010 至 2014 年的數據，但考慮到近期產業陷入困境，汽車產業整體上確實會發生經濟赤字。許多來不及數位轉型的舊經濟產業，經濟赤字的規模將會越來越大。

不論個體企業表現再怎麼優秀，也很難克服所屬產業停滯不前的狀況。雲端等「當紅」軟體產業裡「平均水準」的公司，經營成果確實會大幅優於「表現突出」的航空、建設、鋰電池、鋼鐵等面臨經濟赤字之「夕陽」產業裡的企業。股市會徹底反映出這種產業之間的差距。

Amazon 股價過去十年來每年上漲 34%，傑夫・貝佐斯被稱為是二十一世紀最傑出的 CEO，但其實電商交易市場與雲端產業爆發性成長的貢獻更大。反之，浦項鋼鐵利潤率超過 20%，是世界競爭力最強的鋼鐵企業，但是鋼鐵現在已經屬於夕陽產業了。不論浦項鋼鐵再怎麼努力讓事業多元化，現實還是反映在股價文風不動之上，過去十年來每年都下跌 5%。

對於經驗不多的投資人而言可能有些困難，但我們必須了解目標企業所

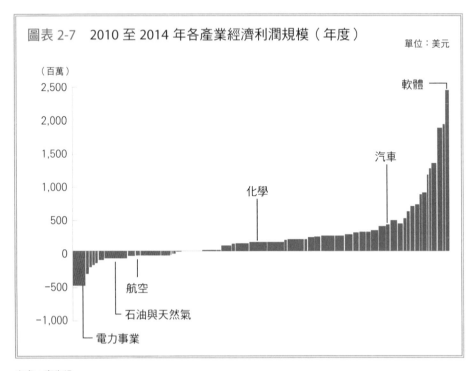

圖表 2-7　2010 至 2014 年各產業經濟利潤規模（年度）

單位：美元

出處：麥肯錫

屬產業過去五到十年來成長了多少，了解產業利潤趨勢才能夠獲得良好的投資成果並減少失誤。

　　企業利潤載浮載沉的情況比景氣循環更險峻，因為其中包含了許多與銷售額無關的折舊攤銷費、研發費用、租金等固定費用。一般來說，對於無法解雇員工的韓國而言，人事費也理當被視為是固定費用。反之，韓國製造業的根基，像半導體、顯示器、汽車、石油化學、煉油、鋼鐵等設備產業，銷售額在超過收支平衡點之後，利潤就會大幅暴增。

　　相較於韓國的產業構造，對經濟景氣較不敏感的美國，1994 年以後也經歷過三次的經濟停滯。2001 年至 2002 年的放緩、2008 年至 2009 年金融

圖表 2-8　美國 S&P500 大公司的營業利潤率長期趨勢

單位：%

出處：Yardeni Research、S&P and IBES

危機時期收益下滑，還有 2020 至 2021 年新冠肺炎所引發的收益惡化。但是過去二十五年來，美國最具代表性的 S&P500 指數成分企業的營業利潤率從 5.5% 上漲兩倍至 11%，這也是美國股市長期能夠反彈（rally）的最大原因[13]。

高成長產業 vs 低成長產業

成長的 IT 業與健康照護業；下跌的金融業與汽車業

　　S&P500 是最能夠反映美國股市的指數；MSCI（Morgan Stanley Capital International）是最能反映全球股市走勢的指數。MSCI 會根據國家與產業類別定期公布各種指數，其中由四十九個國家的三千支股票所組成的 ACWI（All Country World Index）最能夠反映全球股票走勢。

　　從 MSCI 三年前、五年前、十年前所公布的產業類別股價指數中，可以看出高成長產業（IT、健康照護）與低成長產業（金融、汽車與汽車零件）股價之間明顯的差異，這種走勢是否會延續至未來的五到十年呢？想轉型為電動車與自動駕駛商業模式卻面臨失敗的現有汽車公司將會被淘汰，像友利銀行這種傳統金融機構的市場，也只能繼續任由 KakaoBank 這類的 FinTech 企業所搶奪。

　　三星電子、蘋果、微軟、輝達、英特爾、VISA、台積電等 IT 產業的成長性強大，但是會大幅受到景氣影響。從長期利潤率中能看出，過去二十四年來他們面臨過兩次大蕭條的狀況。從圖表 2-9 可以看到，半導體產業的利潤波動非常大，半導體設備業的利潤更是漲漲跌跌。但隨著所有產業都開始引進並結合 IT，整體 IT 產業在結構上獲得了改善。

　　提供全球信用評價與統計服務的美國企業 S&P 指出，IT 產業裡也有收益性的區分，其中資本最密集的半導體產業借力於技術創新、進入壁壘、先

圖表 2-9　IT 產業長期報酬率走勢

單位：%

出處：Yardeni Research、S&P and IBES

圖表 2-10　IT 硬體與半導體業者的收益性

產業	息稅折舊攤銷前利潤 EBITDA（營業利潤＋折舊費＋無形資產攤銷費）利潤（平均）
半導體	20 ～ 30%
半導體設備	15 ～ 25%
通訊設備	10 ～ 20%
零件	12 ～ 18%
家電	7 ～ 12%

出處：S&P

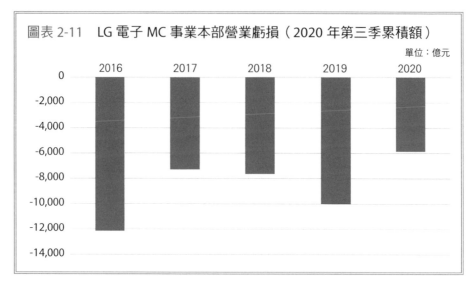

圖表 2-11　LG 電子 MC 事業本部營業虧損（2020 年第三季累積額）

單位：億元

出處：LG 電子

行者優勢，收益性最高。三星電子、SK 海力士、台積電、高通、英特爾、輝達等是最具代表性的半導體企業。

　　接著收益性第二高的是包括智慧型手機在內的通訊設備與零件業，LG電子與三星電子最近下工夫推出的高端產品收益性雖然不錯，但是家電產品整體的收益性卻出現下滑。

　　智慧型手機業界除了三星電子、蘋果和 LG 電子以外，還有中國的華為、小米、OPPO、VIVO 等品牌，但是全球智慧型手機業 90%以上的利潤都由蘋果與三星佔有，也就是說其他企業大部分都是虧損的。

　　負責智慧型手機的 LG 電子 MC 事業本部過去五年來累積虧損高達 4 兆3,000 億韓元，逼近總市值 20%。光是具光謨會長上任以來，累積赤字就高達 2 兆 4,000 億韓元（約 211 億美元）。LG 電子的智慧型手機平均單價不到 200 美元，跟其他公司的旗艦機種落差極大，想在軟體能力和品牌等方面

追上領先的企業，看似為時已晚。關於智慧型手機的未來，需要 LG 電子的
最高經營者當機立斷做出決策。

非必需消費品 vs 必需消費品

　　高成長產業與低成長產業之間有兩種消費性產業，分別是非必需消費品
（consumer discretionary）與必需消費品（consumer staples）。前者是指百貨
公司、衣服／鞋子、精品／飯店／賭場、餐廳、汽車等容易受到景氣影響的
產品，後者則以泡麵、香菸、牙刷等生活必需品為主。

圖表 2-12　MSCI（Morgan Stanley Capital International） ACWI（All
　　　　　 Country World Index）綜合指數年增率

	三年平均	五年平均	十年平均
IT	24%	22%	18%
健康管理	12%	7%	14%
非必需消費品	10%	9%	14%
必需消費品	5%	6%	10%
汽車與零件	6%	6%	8%
金融	-2%	4%	5%
全球市場	7%	7%	10%

出處：MSCI

　　非必需消費品由 Amazon、阿里巴巴、家得寶、特斯拉、LVMH、Nike
等主導，過去股價上升幅度不錯，不過風險也較高。P&G、沃爾瑪、Costco
是典型的必需消費品企業，需求持續上升，即便成長性略有下滑，但穩定性

圖表 2-13　必需消費品產業長期利潤率走勢

單位：%

香菸

飲料

啤酒

必需消費品產業

一般醫藥品

出處：Yardeni Research、S&P and IBES

仍非常突出。

　　1990 年代後，消費相關類股為全球投資人帶來大量收益，這也是當時世界知名的資產管理公司爭先恐後推出消費產業基金的原因。過去五十年來美國因資本主義與世界經濟走強，人均 GDP 上漲兩倍以上，民生消費更增加將近三倍。美國名目 GDP 中民生消費佔比 68%，中國目前雖然未滿40%，但是確定的是日後中產階級擴展，消費也會持續成長。

　　相反的，韓國名目 GDP 的民生消費佔比從 2002 年的 56% 下跌至 2019年的 49%。一般來說經濟越成熟，投資與民生消費佔比便會增加，但是韓國的民間消費與投資比重卻雙雙減少，取而代之的是政府比重增加的畸形現象。民生消費佔比日本（55%）、德國（52%）、法國（54%）、英國

（65%）等先進國家自然會落在 50 至 70% 左右[14]。

　　我們日常所使用的肥皂、洗劑、飲料、啤酒、香菸等商品幾乎不會受到景氣影響，而且品牌非常重要，新企業想進軍絕非易事，市場會由雀巢、P&G、聯合利華、萊雅、可口可樂、百事、帝亞吉歐、菲利普莫里斯等跨國企業與 LG 生活健康、愛茉莉太平洋等本土大公司瓜分，最後的結果是必需消費品產業的利潤過去二十五年來非常穩定維持在 6 至 8％。可口可樂或百事可樂的成長前景雖然衰退，但是必需消費品的優點在於風險較低。

　　這當中當然也有例外，也就是曾經收益性高達 20％，但近期卻回跌至 10％以下的啤酒產業。千禧世代的啤酒消費量減少、小規模精釀啤酒業者增加侵蝕市佔率，加上崛起成為主要顧客的折扣商店所帶來的價格下調壓力等，使百威生產商安海斯－布希英博集團（Anheuser-Busch InBev SA/NV，ABI）等大型啤酒公司收益性惡化。

服飾業的強者——運動服飾

Nike 和愛迪達會繼續成長嗎？

隨著人類生活方式改變，服飾產業休閒化成為趨勢，新冠肺炎發生更加速了這項變化。高盛調查指出，過去五年來全球服飾／鞋子市場年均成長4%，其中運動服飾（包含球鞋）市場每年成長 8%。2019 年統計的運動服飾在全球服飾市場佔比為 20%，微幅超越了 2015 年的 17% [15]。

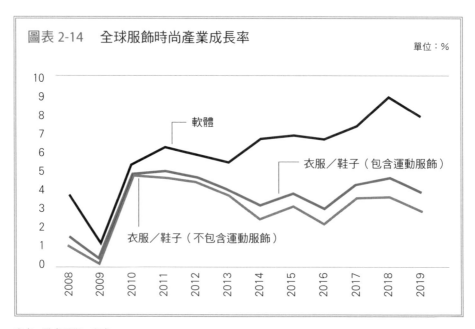

圖表 2-14　全球服飾時尚產業成長率

單位：%

出處：歐睿國際、高盛

　　Nike、愛迪達是高成長產業的領頭羊，擁有優秀的品牌與忠誠度極高的顧客群，處於有利地位。我個人過去十年來，包含高爾夫球鞋在內的球鞋都離不開 Nike 與愛迪達。高爾夫服飾市場上，Nike 市佔率 14％、愛迪達 11％，不管新進業者做出再好的產品，都很難超越以波特蘭戶外形象為基礎所建立的 Nike 品牌壁壘。隨著運動服飾與日常服飾的界線越來越模糊，Nike 與愛迪達的成長率仍會繼續超越服飾市場的整體成長率。

　　此外，庫存負擔持續增加的服飾產業中，高價與低價商品的需求持續不變，但是對於中價位產品的需求已經消失。大部分都是中價位產品的韓國男性服飾市場過去八年來規模整整減少 41％，2020 年底依戀集團公布要賣出女性服飾部門的計畫，如今的市場是由高端品牌與運動服飾所引領。

遭遇逆風來襲的快時尚

　　2019 年，我在舊金山工作的女兒短暫回國，我看著她穿著一雙由寶特瓶回收再利用所製作而成的輕薄鞋子。價格高達一百六十美元，但是聽說在大部分都是二三十歲年輕人的矽谷，友善環境材料的鞋子非常受到歡迎。還記得當時的我非常擔心快時尚（fast fashion）的未來。服飾產業裡生產過剩是非常自然的現象，店面進貨的衣服中，只有一半會以原價售出，其餘都打折出清，通常下單的數量都會大於需求數量，被過剩存貨所困擾的 H&M，2020 年 8 月的服飾庫存規模超過 45 億美元。把品牌視為生命的歐洲精品企業，為了維持品牌的稀缺性價值，會選擇把庫存掩埋或燒掉，還因此受到環保人士的抨擊。

　　2000 年以後，全球的服飾銷售超越了經濟成長。瑞典的 H&M 和西班牙的 Zara 引領了快時尚的市場，當時波士頓諮詢公司（BCG）預估 2030 年

服飾與鞋子的生產量將增加 81％。二十年前，一件衣服從買來到丟棄平均會被穿著兩百次，但是近年來減少至一百六十次[16]。

現在的服飾產業是使用石油等不可再生的資源製作只可短期使用的衣服，日後再進行掩埋或銷毀，全球 10％的溫室氣體排放量來自於服飾產業。製作服飾的時候需要大量的水，地球上 20％的廢水是來自服飾產業[17]。

基於對過去沉溺於快時尚的反省，戶外運動品牌巴塔哥尼亞（Patagonia）等慢時尚（slow fashion），在千禧世代（1980 至 2000 年出生的世代）與專業人士之間快速崛起。巴塔哥尼亞早在 1990 年代就成為服飾業界先驅，重新收集並利用被丟棄的寶特瓶製作聚酯布料，是一間標榜友善環境的企業。對比快時尚為了將利潤最大化，把生產、供應週期縮短至一到兩週，慢時尚則是以友善環境、公平交易、永續性作為行銷重點。

目前基於消費者個人之信念和社會責任的消費趨勢正在扎根，以 MZ 世代（千禧世代＋ 1995 至 2010 年出生的 Z 世代）為中心的社會性服飾租賃和二手交易等線上市場也越來越活躍。雖然為了環境和人類所推出的慢時尚運動早在數十年前就已存在，但是近年來非常受到歡迎的 Instagram、Facebook 等社群軟體上的「讚」和「標註」也起到了一定的宣傳作用[18]。

快時尚目前的商業模式已經不可能再繼續，這是產業的大危機。H&M 為了克服這項危機，表示將會在 2030 年以前將服飾的材質 100％轉換成可重新利用或具永續性的材料。

第 **3** 課

了解市場原理，
投資變簡單

教你在好公司、好股票、壞公司、壞股票中挑到會賺錢的股票。

股票市場如何運作

反映 2030 年電動車的股價

　　2017 年 1 月底特律車展上，美國最大的汽車公司——通用汽車（GM）CEO 瑪麗・芭拉（Mary Barra）說出了一段令人震驚的話。「我們正在打破傳統的收益模式，未來五年的變化將會超越過去五十年的變化。」四十年前從學徒起步成為美國汽車業界第一位女性 CEO 的她，說出了這段就像啟示錄般的預言，吐露出由美國汽車三巨頭（The Big Three）通用汽車、福特、飛雅特克萊斯勒統治了一個世紀的體制正在瓦解[1]。

　　四年過去，電動車普及的速度比預期還慢，自動駕駛的時代還未開啟。景氣正常的時候，全球每年會銷售出約九千萬台新車，2020 年的銷售中燃油車占 97%，電動車只有 3%。但是反映將來的股票市場卻出現截然不同的反應。電動車龍頭股特斯拉總市值超過 1 兆美元，後起之秀中國的蔚來（Nio）也超過 800 億元。

　　不過這兩家公司合計的 2020 年電動車生產量，還不及現代汽車年度銷售業績的六分之一。但是電動車如此龐大的總市值，仍然反映出投資人對於 2030 年電動車將佔比全球新車銷售 20 至 30％的信念。如果市場的假設正確，特斯拉這類的電動車領頭企業，十年後很可能有最少數兆元最多數十兆韓元的利潤。將長期以後的未來反映在股價上，也是牛市的特徵之一。

　　此外，Amazon 的總市值為 1 兆 6,390 億美元，大幅超過 2021 年的預估

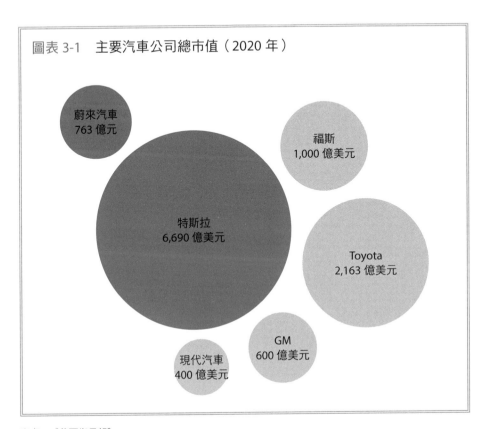

圖表 3-1　主要汽車公司總市值（2020 年）

蔚來汽車
763 億元

福斯
1,000 億美元

特斯拉
6,690 億美元

Toyota
2,163 億美元

GM
600 億美元

現代汽車
400 億美元

出處：《華爾街日報》

淨利規模（245 億美元），本益比六十七倍，為科技巨擘中本益比最高的企業。以如此高的溢價進行交易，就是因為華爾街預測日後五到十年 Amazon 仍可維持高速成長，市場也相信健康照護、金融、自動駕駛等產業將會繼續擴大與成長。

　　如果想避免失誤，增加成功率，至少要養成把過去十年來的經營成果和股價串聯分析的習慣。股價反映的不僅有今年或明年的表現，還有五年後甚至數十年後的長期成長性。

每一到兩年發生一次的市場恐慌、下跌 30%的績優股

　　成功投資的核心在於，Costco、沃爾瑪、Amazon、微軟、Facebook、三星電子、LVMH、Nike、愛迪達、LG 生活健康等績優股因市場恐慌崩跌時，在低點買進然後長期持有。

　　令人意外的是，市場恐慌至少每一到兩年就會發生一次，發生之際個股的股價甚至會下跌 30%以上。販售我們非常熟悉的辛拉麵、浣熊泡麵、炸醬義大利麵、蝦味條的農心公司，事業上雖然非常穩定，但是過去五十二週以來的股價，從高點 40 萬韓元一路跌至低點 22 萬。壟斷電力供給市場的韓國電力，過去一年來也都在高點 3 萬 50 韓元與低點 1 萬 5,550 韓元之間震盪。

　　在這裡各位可能會感到疑惑，由政府作為大股東壟斷電力市場的公司，企業價值怎麼會在一年內出現 50%左右的差異？泡麵之王農心以保守經營著稱，如此傑出的品牌，企業價值怎麼會在五十二週內下跌將近 50%？

　　原因在於股市是由短期心理所支配，因此經常出現企業基本面與股價發生乖離的情況。我的前同事、亞州最強的投資策略專家克里斯多福‧伍德（Christopher Wood）寫了二十年以上的每週週報，主題是「貪婪與恐懼」（Greed and Fear），不愧是前《經濟學人》東京分局長，連題目都選得很帥氣。

　　華爾街 60 至 70%經理人的基金營運成果敵不過美國市場代表性指數 S&P500，這也是他們自嘲「連上帝都不知道股價合理本益比是多少」的原因。除了韓國電力與農心以外，三星電子、Amazon、蘋果這類的藍籌股偶爾也會崩跌，雖然企業價值幾乎沒有改變，但是原因就出在投資心理不穩定所導致的短期股票供需不平衡，而這樣的機會最少一到兩年就會出現一次。最重要的是擁有遊刃有餘的心態，等待以低價買進優良企業股票的機會。

── 知識補給 ──

巴美列捷福的特斯拉投資故事

　　在證券公司工作的時候，為了針對愛丁堡的投資人舉辦說明會，每年都會到訪蘇格蘭一次，也經常去拜訪巴美列捷福（Baillie Gifford），讓我想起會議前一天到飯店報到的時候，倒在錫杯裡的蘇格蘭威士忌，以及冷冽但是清爽的早晨空氣，與問題尖銳的愛丁堡基金經理人一起討論的畫面也歷歷在目。

　　許多人以為愛丁堡的基金經理人是離倫敦很遠的異端分子，但實際上蘇格蘭是培養出許多英國金融知識分子的地方。美國西部開發時，提供鋪設橫跨大陸鐵道所需資金的也是蘇格蘭的金融人士。

　　1990 年至 2000 年代末期還在任的我，一年內有兩次要花一個月時間巡遊全球向顧客行銷，其中最讓我緊張的會議就是面對老虎基金這種避險基金，以及面對愛丁堡巴美列捷福這類的長期投資基金的時候。

　　1908 年成立的愛丁堡資產管理公司巴美列捷福，截至 2020 年上半年，是繼馬斯克後持有最多特斯拉股票的股東。巴美列捷福在 2013 年特斯拉股票還是七塊美金的時候買進，持股一度高達 8％，但是 2020 年 9 月特斯拉股價暴漲，由於基金內特斯拉佔比過大，根據公司內部規範要將 40％ 賣回市場，一度引發話題。

　　特斯拉股票風險過大，大部分專家都選擇迴避，不禁讓人佩服巴美列捷福持股七至八年的信念與毅力，還有找出隱藏版珍寶的洞察能力。接著讓我們一起來探究這個透過一支股票實現 180 億美元以上收益，還仍然持有 245

億美元特斯拉股票的巴美列捷福的選股方法。

　　距離英國金融中心倫敦必須飛行一小時三十分鐘航程的愛丁堡，遠離了倫敦股市的雜音（noise），與巴美列捷福集中投資的 IT 產業聖地——矽谷分別在地球兩端。從這個案例我們能夠看出，成功投資的關鍵不在於獲得資訊的快慢，而是取決於對核心問題深思熟慮的能力。

投資特斯拉的原因——
電動車是解決地球暖化的最佳方法

　　巴美列捷福認為，氣候變遷與地球暖化是二十一世紀人類最核心的問題之一，而最有效的解決方式就是電動車普及化，因此集中買進最經得起考驗的招牌企業特斯拉。巴美列捷福深信電動車的市場將會變得非常龐大，也給予特斯拉優秀的產品競爭力和馬斯克的領導能力極高的評價。巴美列捷福強調「現在只是電動車市場的起點，這個產業的成長潛力無窮無盡，特別是特斯拉不同於現有的汽車公司，以軟體作為起點的商業模式非常優秀」[2]。

　　2020 年特斯拉股價翻了好幾倍，美國證券公司爭先恐後上調電動車需求展望。2020 年 11 月，在華爾街影響力甚大的摩根士丹利汽車分析師亞當・強納斯（Adam Jonas）終於對特斯拉「投降」，一直以來認為特斯拉在汽車產業裡的股價被過分高估的他，態度也正式轉為推薦買進，並將目標價調高 50% 來到 540 美元。他認為「特斯拉的商業模式正以能夠創造高額利潤和經常性收入的軟體和服務為中心進行發展」。事實上，七八年前買進特斯拉股票的時候，巴美列捷福早就已經預想到了這一點。

圖表 3-2　中世紀為防止敵人入侵在城堡周圍挖的水池稱為護城河

在有前景的企業中找出優秀的商業模式並持股十年以上

巴美列捷福的投資組合中，主要股票為特斯拉、Amazon、Alphabet、Shopify、阿里巴巴、騰訊、Netflix 等，除了 IT 產業以外，巴美列捷福也大量投資健康照護、生技產業。在特斯拉股價暴漲前，從 2004 年開始投資，平均單價落在 100 美元左右的 Amazon 是巴美列捷福持股比例最高的公司。

平均企業持股超過十年的巴美列捷福有自信地說道：「季報、財報都是毫無意義的雜音，要能看見經營成果，有時候五年都還算短」。巴美列捷福不在意一兩年後的投資指標，他們做的是長線投資，即使沒有立即性的收益他們也願意等待。

巴美列捷福三大投資原則如下，只要能夠達到這三點，企業的收益性就會快速改善，本益比也必然會下降。

- 市場的擴張性：市場規模有可能擴大至數十甚至數百倍（電動車、電商交易、雲端、帕金森氏症治療等）。
- 具有強力護城河的商業模式：與現有的商業模式不同，能夠以壓倒性的競爭優勢為基礎保持市佔率（Google 搜尋引擎、特斯拉電動車、Amazon 雲端 AWS、阿里巴巴平台等）。
- 優秀的領導能力與企業文化：充滿創業家精神的企業文化與優秀經營團隊／大股東具有大量持股，擁有與小股東同舟共濟的結盟意識（alignment）（如 Amazon 的貝佐斯和特斯拉的馬斯克）。

巴美列捷福的投資原則也與巴菲特的投資原則不謀而合，巴菲特的四大投資原則如下：

- 我們必須了解公司的產品與服務。
- 企業必須以穩健的競爭力作為基礎，擁有可持續發展的商業模式。
- 必須由能力卓越且具道德感的經營團隊來領導公司。
- 必須在股價合理的時候買進具有上述三項條件的優秀公司。

　　巴美列捷福主要進行成長股投資，而巴菲特則大部分採取價值投資，但是兩者的出發點都是長期具有成長潛力。他們都特別重視商業模式競爭力的絕對優勢，並強調護城河的概念。在英國和日本經常可以看見的護城河，在中世紀時期指的是為了防禦敵人入侵而在城堡周圍挖掘的水池，這裡所指的就是競爭對手不敢覬覦、具有明顯相對優勢的產品或服務。其中最具代表性的案例是特斯拉優秀的電動車 Model S 與 Model 3、在全球搜尋市場擁有將近 90% 市佔率的 Google 搜尋引擎，以及擁有龐大顧客數據和基礎設備的 Amazon 電商平台。

決定股價的五大要素
①利潤成長率

成正比的股價與企業利潤

　　股價以秒為單位變動，它除了是買方與賣方的因變數之外，世界經濟、國內經濟、產業動向、個別企業成果與未來展望等新的資訊也會不斷即時反映在股價上。決定股價的因素有很多，但大致上可以歸納為下列五種。

① 利潤成長率

② 股利與庫藏股

③ 財務結構（特別是債務較多的情況）

④ 利率

⑤ 公司治理

　　其中最重要的就是成長潛力，我們首先來了解利潤成長率吧。股價會根據企業利潤波動，例如 Costco 2011 至 2013 年的股價就與每股盈餘成長率同步上漲，每股盈餘從 3.30 美元上漲至 4.60 美元，增加了 39%，同一時間股價也從 72 美元上漲至 100 美元，增加 39%。三年來的本益比一直維持在二十二倍左右，沒有變化。

$$本益比（PER）= \frac{目前股價}{一年後的預估每股盈餘（EPS）}$$

本益比是證券市場估算企業價值的代表性指標，目前股價（分子）除以一年後的預估每股盈餘（分母）可以得出本益比，也可以用總市值除以淨利簡單進行計算。本益比的相對概念是可以讓股東知道目前交易的股價是自身可得之淨利（每股盈餘）的幾倍，例如股價是 1 萬 5,000 元，而企業 2021 年的預估每股盈餘為 1,000 元，那麼本益比就是十五倍。

本益比的高低取決於成長潛力與風險，股價會根據這兩點以一定水準的本益比被交易。韓國股票過去成長潛力雖高，但市場認為韓國股市風險高且公司治理方面表現不佳，所以同產業的股票本益比會低於海外企業，也就是所謂的「韓國折價」（Korea Discount），這點可以套用在所有韓國具代表性的上市公司上，如三星電子、現代汽車、浦項鋼鐵、國民銀行等。

預估未來是一件困難的事，在股票市場裡依據本益比估價的股票（stock valuation）與利潤成長預估有高度的相關。例如未來可能會大幅成長的公司，會以高本益比被交易；未來展望不明朗的企業，則會以低本益比被交易。如果以不動產來比喻的話，可以眺望漢江、學區優良、受到人們歡迎的江南住宅大樓每坪價格超過 1 億韓元，反之處在外圍、交通不便、周圍環境不佳的話，每坪價格連 3,000 萬韓元都達不到。

股票會根據企業成長潛力，出現比房地產更大的價差。像 Amazon、輝達、Facebook、微軟這種未來五年每年預估收益可成長 15% 以上的 IT 相關企業，就會以高本益比被交易。分析師認為未來五年利潤平均可年增 36% 的 Amazon，本益比就高達將近七十倍。反之，花旗銀行或 AT&T 這種利潤停滯不前或可能減少的舊經濟企業，本益比就比較低。金融業與通訊產業的未來展望不明朗，因此花旗銀行和 AT&T 的本益比落在十倍左右。也就是

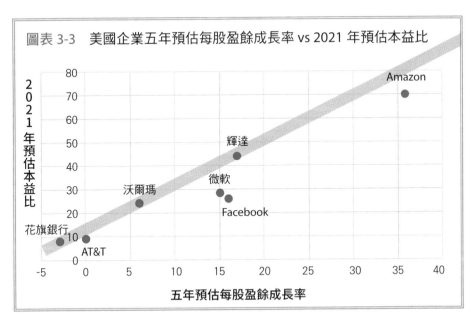

圖表 3-3　美國企業五年預估每股盈餘成長率 vs 2021 年預估本益比

出處：雅虎財經

說，如果具有長期成長潛力的話，本益比就較高，若長期成長潛力不高，本益比就較低。

結合長期成長潛力與本益比

　　輿論或證券公司分析師為了方便，會利用一年期預估收益來預測股價，但這個方式具有風險，見樹不見林的投資有可能會面臨失敗。

　　計算合理本益比的時候，最重要的變數就是長期成長潛力。從圖表 3-3 上可以看到美國企業的五年預估每股盈餘成長率，這個圖表可以在雅虎財經（Yahoo Finance）個股視窗上的「Analysis」裡找到。

　　證券公司裡有負責三星公司二十年以上的資深分析師，年紀約莫為三星

電子常務或專務的職等，落在四十至五十歲出頭，是長期研究半導體產業的專家。但是這些專家經常錯估三星電子股價，原因在於預估半導體一年後的展望非常困難，而半導體會決定三星電子的損益。三星電子、SK 海力士、現代汽車、LG 化學等韓國代表企業的 CEO 們也都不太知道今年的利潤到底會有多少。雖然 LG 生活健康、農心、不倒翁、KT&G 等比較不受景氣影響的企業，在預估時會比較容易，但基本上我們無法確定未來。所以股票投資雖然困難，但也很有趣。

具有拓展性的企業股價會持續走揚

　　股價比不動產或其他有價證券更具吸引力的關鍵，就在於「拓展性」。企業在現有商務基礎再投入新店面、新事業的話，就可以創造出額外的成長動力。Costco、CU、星巴克、Ediya Coffee 這類公司可以開設新的店面，創造成長的機會。Amazon、Google、Facebook、蘋果、阿里巴巴、NAVER、Kakao 則可以藉由優越的平台，進軍金融、音樂、遊戲、娛樂、藥物零售等其他產業，創造出成長的機會。

　　但拓展性的概念不適用於債券或銀行儲蓄上，不動產或都更雖然可具有拓展性，但是受到專案時間的侷限，而且必須申請各種許可。

　　股票市場上得分最高的零售業務成長率，可以從一年以上同一間店鋪所發生的銷售成長中得知，被稱為同店銷售（same-store-sales，SSS），因為是單純發生在相同賣場的成長，因此風險較小，也幾乎不會產生像不動產投資一樣的額外費用。

　　但是從現實上來說，同一間店面很難持續創造出兩位數的成長，所以即便要投入資金且具有風險，也必須開設新的店面。例如 Costco 就從 2006

年 458 間、2010 年 540 間、2015 年 686 間、2020 年 802 間，持續拓展店鋪，而 Costco 的新辦會員數也跟著店鋪的數量增加。Costco 透過拓展新店面並提升現有賣場的每單位面積銷售額，2010 年以後每年利潤成長率達到 12%。

飲料產業中，就屬咖啡的市場規模較大且成長快速。世界第一大咖啡專賣店星巴克，早在幾年前面臨現有店面銷售成長率衰退時，就開始採取積極增加新店面及調漲咖啡價格的策略。全球店面數量從 2015 年 2 萬 3,043 間開始成長，2020 年底時為 3 萬 3,000 多間，五年內增加了 43% 左右。星巴克立下目標要在 2030 年之前，將店面數量拓展到 5 萬 5,000 間。

新冠肺炎發生之前，每年有超過 2,000 間星巴克以中國、亞洲、美國為中心，如雨後春筍般出現。據悉這次將關掉 800 間業績不良的美國店面。在韓國市中心或江南地區，只要走過一條街就可以看見另一間星巴克店面。韓國星巴克店面 2016 年突破 1,000 間，目前已經增長至 1,503 間，等於每年都會新開一百間以上的店面。

新店面會侵蝕距離不到幾百公尺的舊店面銷售額。直營店很多的星巴克雖然屬於零售企業，但為了開設新店面等因素，每年會花費 19 億美元投資設備。

穩定成長的代言人──Costco

Costco 是典型具防禦性同時又具有兩位數高成長率的優良企業，2010 年後的每股盈餘年增 12%。在穩定成長的基礎下維持 11% 的銷售總利潤，使過去十年來 Costco 的股價每年上漲 18%，額外還有 2 至 3% 的現金股利。

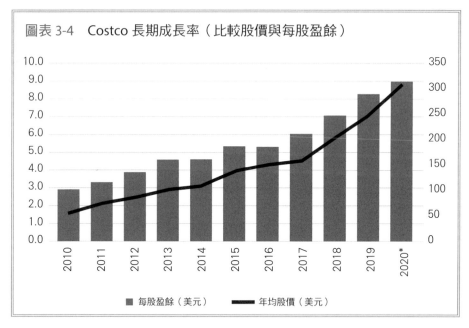

圖表 3-4　Costco 長期成長率（比較股價與每股盈餘）

■ 每股盈餘（美元）　—— 年均股價（美元）

出處：Costco、雅虎財經

　　隨著投資人對於 Costco 優秀的商業模式信心大增，Costco 的股價從五到十年前的二十至二十五倍本益比躍升兩個階級，目前本益比已經達到三十七倍。當然，其中也有因為超低利率使本益比過度上漲的感覺。

　　Costco 以美國和加拿大為中心，在全球共有 802 間賣場，韓國一共有16 間。Costco 的年銷售額為 1,663 億美元、淨利 40 億美元，員工共有 25 萬人，是繼總市值 1,672 億美元的沃爾瑪之後，排名世界第二的零售企業。以會員制營運為特徵，以提供低於一般批發和零售商場售價且高品質的產品為核心。除此之外，若顧客在購買商品後感到不滿意，Costco 還提供了隨時可以退貨的商品保證制度。雖然是美國大企業，但是經營團隊沒有領取過度高額的薪資，員工薪資與福利也很良好，並以「COST」作為代號在那斯達克

圖表 3-5　Costco 的利潤與股價、本益比

	銷售總利潤率	每股盈餘	年均股價	年均本益比
2010	10.8%	2.9 美元	55 美元	19 倍
2011	10.7%	3.3 美元	72 美元	22 倍
2012	10.6%	3.9 美元	86 美元	22 倍
2013	10.6%	4.6 美元	100 美元	22 倍
2014	10.7%	4.7 美元	110 美元	24 倍
2015	11.1%	5.4 美元	137 美元	26 倍
2016	11.4%	5.3 美元	151 美元	28 倍
2017	11.3%	6.1 美元	160 美元	26 倍
2018	11.0%	7.1 美元	205 美元	29 倍
2019	11.0%	8.3 美元	250 美元	30 倍
2020*	11.2%	9.0 美元	309 美元	34 倍
2021E**		10.1 美元	377 美元	37 倍

* 2020.8.30 結算之會計年度
** 股價為最新股價；每股盈餘為市場共識預測

上市。

　　我推薦各位去家裡附近的 Costco 賣場逛逛，可以親身體會成功企業獨有的商業模式、企業文化和友善的待客哲學。Costco 只有會員可以進入，以韓國來說，入會費用是 3 萬 8,500 韓元。我每次去首爾良才洞的 Costco 賣場，都會因大量的來客數而震驚，也會被這種嚴格挑選優質產品，每種產品只特定銷售幾款的特殊商業模式所感動。

　　Costco 具備巴菲特投資原則下的所有投資條件（容易理解的產品或服務、具有護城河的可持續發展競爭力、優秀且具道德性的經營團隊），Costco 約一億名會員中，有 90% 的會員選擇續約。我全家都對 Costco 非常

滿意，明年也肯定會續約。

以低廉的價格和優秀的品質做出區隔

　　Costco 為了盡可能壓低價格，遵守著一般商品利潤率 14%、自有品牌 Kirkland 利潤率維持在 15% 的原則。創辦人詹姆士・辛尼格（James Sinegal）說：「Kirkland 的利潤率必須維持在 15%，這個數值是我們能賺到錢又能滿足顧客最適切的基準點，如果把利潤提升到 16% 或 18%，Costco 一直以來為了將價格和費用最小化所付諸的努力都將化為泡沫」，從這段話我們就能看出他以顧客為中心的企業哲學。

　　據悉 Costco 銷售的商品種類共有四千多種，與沃爾瑪的十四萬種以上和 E-mart 等韓國國內折扣商店所銷售的大量產品相較，種類數量非常少。但是 Costco 秉持著嚴格的品質檢驗，只大量與優秀產品簽訂契約，最大限度降低供貨價格，這是 Costco 與其他公司最大的區別。

　　此外，Costco 對於股東非常友善，由於 Costco 不希望積累過多的資本，除了一般的現金股利外，過去八年來還發放了四次特別現金股利。2020 年 11 月 Costco 也宣布會發放美股 10 美元的特別股息。唯有財務結構良好才能做出此舉，這也表現出 Costco 對未來的自信。

　　Costco 的股東在最近十年來，除了股價每年上漲 18% 以外，包含特別股息在內，每年還可以獲得 2 至 3% 的現金股息。如果套用「股東整體報酬率＝股價變化率＋殖利率」的公式，2010 年後 Costco 每年可以產生 20% 左右的收益。雖然目前的股價看似高昂，但若本益比可以回跌至三十至三十三倍，應該很適合長期持有。

　　Costco 的本益比從 2013 年的二十二倍，在 2015 年大幅上漲至二十六

圖表 3-6　Costco 過去十年股價及本益比變化

	2010 年	2020 年	成長率
每股盈餘	2.9 美元	9.0 美元	+210%
本益比（年平均）	19 倍	34 倍	+79%
股價（年均）	55 美元	309 美元	+462%

倍、2019 年三十倍，最近更來到了三十七倍。近十年來的股價上漲率高於每股盈餘增長率，就是因為本益比一直不斷升級。當市場重新發現企業價值的時候，就會出現本益比升級的狀況，但是這種情況並不常見。相反的，市場對於企業的長期成長潛力、競爭力、經營團隊感到失望的時候，我們就能看見股價被降級（de-rating），像韓國的金融股、通訊股、內需股、韓國電力等股票都屬於這種情況。就算不投資生技創投企業，我們仍可在海內外股市裡找到許多每年利潤成長 10 至 15％的大型股。不過再優良的企業，如果買進的股價過高也可能會造成虧損，必須慎思而後行。

―知識補給―

具有獨一無二拓展性的 Amazon，

在科技巨擘中最被低估的公司

「你的利潤就是我的機會。」（Your margin is my opportunity.）

——傑夫・貝佐斯

　　全球大型股當中，拓展性最佳的企業就是 Amazon。Amazon 在以平台為基礎，在具有優秀拓展性的科技巨擘中也擁有獨一無二的地位。Amazon 正在進軍各種幾年前我們想也沒想過的事業，而且未來還會繼續擴張版圖。

　　以網路書店起家的 Amazon 電子商務平台，以低廉的價格和快速的物流作為武器，霸佔了音樂、玩具、服飾、鞋子、家電產品、飲品與食品等數也數不清的零售版圖。在這個過程中，玩具反斗城、巴尼斯紐約精品店（Barneys New York）、傑西潘尼（JC Penny）等高達數百間美國經典零售業者因此倒閉。

　　Amazon 從 1994 年成立以來，就不斷透過電子商務事業累積了龐大的顧客數據。Amazon 積累的顧客數據包含電商與實體商店的消費、語音、圖像、串流媒體視聽數據，更進一步涵蓋了消費者的個人位置資訊等，數據量非常之大。很多人認為，Amazon 併購全食超市（Whole Foods）這類實體連鎖店，最終目的也是為了收集實體商店的消費數據與消費者的位置資訊。

　　有時讓人不禁會想，Amazon 的本質應該是大數據企業，而非電商網站或系統公司吧[3]？尼古拉斯・斯萊普（Nicholas Sleep）雖然不出名，但是一

位英國非常「聰明」的價值投資人，他在 2005 年指出以訂閱制為基礎的
Amazon 和 Costco，在商業模式上具有非常多共通點，特別是他們「不將從
顧客身上賺來的錢回饋給股東，而是當顧客在下一次購買商品時，以低廉的
價格重新回饋給消費者」，這兩間公司希望與顧客保持長期關係的事業哲學
非常新穎。

　　但若說到 Amazon 與 Costco 的差別，就是天才事業家傑夫・貝佐斯以大
數據和 AI 作為武器所打造出的 Amazon 平台，具有更開闊的拓展性。評估
高拓展性企業的價值時，如果根據一至兩年後的預估利潤來計算，一定會經
常出錯。因為爆發性的成長不僅限於日後的十年，甚至在十年以後都還可能
持續下去。

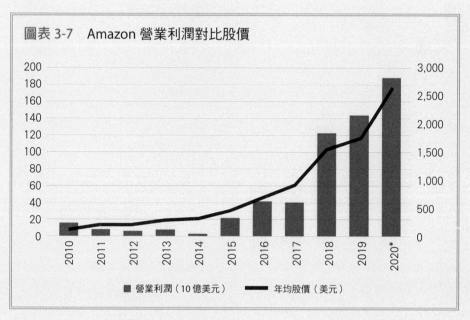

圖表 3-7　Amazon 營業利潤對比股價

■ 營業利潤（10 億美元）　━━ 年均股價（美元）

* 2020.12.31 結算之會計年度；營業利潤為共識預測
出處：Amazon、雅虎財經

圖表 3-8　Amazon 的利潤、股價、本益比

	銷售額	營業利潤	營業現金流量	每股盈餘	年均股價	年均本益比
2010	342 億 美元	14 億 美元	35 億 美元	2.53 美元	137 美元	54 倍
2011	481 億 美元	9 億 美元	39 億 美元	1.37 美元	201 美元	147 倍
2012	611 億 美元	7 億 美元	42 億 美元	-0.09 美元	223 美元	N/A
2013	745 億 美元	7 億 美元	55 億 美元	0.59 美元	296 美元	502 倍
2014	890 億 美元	2 億 美元	70 億 美元	-0.52 美元	320 美元	N/A
2015	1,070 億 美元	22 億 美元	119 億 美元	1.25 美元	485 美元	388 倍
2016	1,360 億 美元	42 億 美元	172 億 美元	4.90 美元	699 美元	143 倍
2017	1,779 億 美元	41 億 美元	184 億 美元	6.15 美元	960 美元	156 倍
2018	2,329 億 美元	124 億 美元	307 億 美元	20.14 美元	1,587 美元	79 倍
2019	2,805 億 美元	145 億 美元	385 億 美元	23.01 美元	1,780 美元	77 倍
2020*	3,725 億 美元	189 億 美元	495 億 美元	34.90 美元	2,682 美元	77 倍
2021E**				48.60 美元	3,257 美元	67 倍
十年平均成長率	27%	30%	30%	34%	34%	

* 2020.12.31 結算之會計年度；每股盈餘為共識預測
** 股價為最近股價；每股盈餘為市場共識預測

　　過去十年來 Amazon 的銷售額增加 27%、營業利潤增加 30%、營業現金流增加 30%、每股盈餘增加 34%，結果引發股價也在同時間內年均上漲 34%。為了把盈餘繼續投資到未來，Amazon 的股票不分發股利，但即便沒有股利，因為公司持續保持高速成長，所以 Amazon 的股東毫無怨言。雖然中間也短暫有過虧損，但是 2010 年本益比落在五十四倍的 Amazon 股票，2021 年以預估收益為基準，本益比已達到六十七倍。是科技巨擘中對比風險，股價上漲空間最大的公司。

　　分析師預測日後五年的年化淨利成長率為 36%，而且是以已經公布的新

事業計畫為主所做的預測。如果 Amazon 持續結合新事業（當然也需要追加投資），利潤會繼續上調，成長動能也會延續。

Amazon 會以具有競爭優勢的數據收集與處理、供應鏈管理作為武器，未來五年內將佔領線上藥局、小額貸款與知識、飲食品市場，此外 Amazon 預計也將進軍線上精品、保險、智慧居家、園藝等產業。他們現在已經在使用 Amazon Marketplace 發行小額貸款給 Amazon 平台上的小型店家。Amazon 的利率比銀行更低，因為他們已經透過這段時間以來累積的大數據，一清二楚的掌握了這些小型店家的業務狀況與風險。

Amazon 利用機器學習（machine learning）分析使用者的消費模式與習慣，使用著具有針對性的推薦和預測系統。所謂的機器學習是建立在大數據之上，讓電腦自行透過學習的人工智能技術。得以滿足顧客的 Amazon 核心 IT 技術每年都會改良，價格也變得越來越便宜。

2020 年 11 月 Amazon 公布，將推出以線上處方箋配送到府的 Amazon Pharmacy 服務。仿製藥最多可以獲得 80% 的折扣，還提供 Amazon Prime 會員免費配送。Amazon 進軍藥局市場也引發憂慮，使沃爾格林（Walgreen）、CVS 等傳統大型連鎖藥局和藥妝店股價下跌 10 至 20％，一個禮拜之內總市值蒸發 118 億美元，而當中一部分則轉移成了 Amazon 的總市值。過去十年來汽車產業內，Toyota、通用汽車、福特、福斯、戴姆勒、BMW、現代汽車的總市值也有一部分消失，而其中一部分則使特斯拉的總市值出現增長。

美國健康照護是規模最大的產業，佔比 GDP 的 20%。預估 Amazon 的進駐將會加速效率，現有業者的立足之地也將縮減。

Amazon 的優勢和風險

巴美列捷福表示，Amazon 具有五到十年後總市值達到 5 兆美元的潛力。以目前 1 兆 6,350 億美元的總市值來看，代表日後七到八年內，預估股價每年可上漲 16%。巴美列捷福的理論可歸納為下述三點。

第一點，現在 Amazon 最賺錢的雲端事業部門 Amazon Web Services（AWS），五到十年後，在規模 5,000 至 6,000 億美元的雲端服務市場上將有二分之一的市佔率，如果利潤保持在 30% 的話，光 AWS 的價值就可能高達 2 至 3 兆美元。如果 AWS 大爆發，Amazon 幾年後可能會成為全球企業價值最高的公司。

第二點，電子商務現在只佔美國整體零售業銷售額的 10%，預計十年後會增加至 20%，如果 Amazon 加速進軍海外市場，那麼電商事業部門的企業價值將高達 2 至 3 兆美元。在韓國電商市場存在感不高的 Amazon，2020 年底宣布將和 SK 集團聯手進軍韓國市場。雖然還不知道具體合作內容，但假如 SK 和 Amazon 透過「股權參與協定」簽訂戰略合作，那麼 Coupang、Market Kurly、NAVER 等現有平台業者將可能受到威脅。

第三點，廣告、AI、Alexa 平台等其他事業部門的企業價值可能會增加至 5,000 億美元。各界特別看好目前佔 Amazon 銷售額 6％ 的廣告業務將會快速成長 [4]。

Amazon 最大的資產就是創辦人兼 CEO 的貝佐斯（編按：2021 年 7 月 5 日退休，轉任董事會的執行董事長）。反過來說，Amazon 過多的主要決策需要依靠這位天才企業家，站在股東的立場來看，就是所謂的重要人物（Key Man）風險。貝佐斯沒有把焦點放在競爭對手上，而是聚焦在顧客滿意度，並且打造出不重視短期業績、更重視長期目標的優秀企業文化。非

常重視效率與創意的 Amazon 企業文化，可以被歸納成「兩個比薩原則」（Amazon's two pizza rule）。貝佐斯認為開會的時候，人數應該控制在兩個比薩可以餵飽所有與會者的數量內。這代表開會人數最少六人，若超過十人就不太好。如果開會人數過多，會議會官僚化，有創意的想法會被排擠，也可能無法做出負責任的決策。

決定股價的五大要素 ②股利與庫藏股

股利就等於不動產的租賃收益

　　我們把股利所代表的意義，區分成股東與企業兩大立場來看。首先，領取股利是股東的基本權利，企業會將過去一年或是半年、一季所賺取之淨利中的一部分發放給股東。將過去十二個月以來所收取的現金股利總額除以股價，就能計算出殖利率。比喻成不動產的話，就是把一年來所收的房租總額除以不動產的價格所計算出的租賃報酬率。

　　就像我們必須從房租裡扣掉財產稅、管理費等各種費用，才能計算出正確的租賃報酬率一樣，針對每三個月或六個月自動轉入證券帳戶的股票現金股利，我們也必須養成確實計算預扣稅金的習慣。

　　以企業的立場來說，除了發放股利給股東以外，也可以將這筆現金使用在未來要支付的設備投資或研發之上。就像 2019 下半年 SK 海力士以 10 兆韓元（約 909 億美元）收購英特爾的 NAND Flash 業務一樣，如果有良好的交易，就能透過併購提升企業價值。企業還可以使用這筆現金購買自家公司庫藏股，對股東來說，註銷庫藏股可以帶來比領取股利更好的效益。但受到部分韓國企業惡意利用，如果公司買回庫藏股後卻沒有註銷，股東就會產生機會成本，此舉會使控股權益股東和小股東的權利受到侵害。

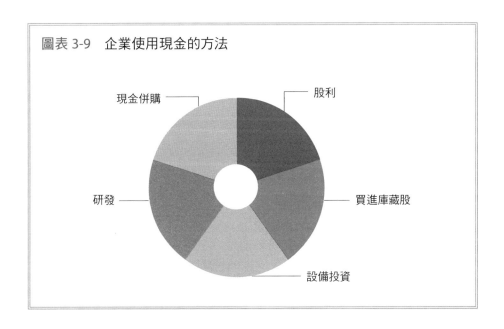

圖表 3-9　企業使用現金的方法

　　若公司使用盈餘買回庫藏股註銷，股票價值會立刻提升，這部分後續提到蘋果的案例時我會再仔細說明。假設有一間剛上市的 A 公司，因為生意穩定所以 2020 年產生了 1 億元的淨利，預期 2021 年也同樣可以賺到 1 億元淨利。假如 A 公司的股價是 500 萬元，經營團隊以回饋股東為由，投入 2020 年底一半的淨利，也就是 5,000 萬元，從股票市場買回十股庫藏股進行註銷。結果會使流通股票從 100 股減少至 90 股，雖然 2020 年與 2021 年的淨利沒有差別，但因為庫藏股被註銷，所以每股盈餘會從 100 萬元提升至 111 萬元，上漲 11％。假設股價仍維持在 500 萬元不變，2021 年因為每股盈餘增加，所以本益比從 5.0 倍下降至 4.5 倍，使該公司成為更具吸引力的投資標的。當投資人發現這間企業股價被低估，買進勢力會更集中，股價就會上漲至 555 萬韓元，回到先前五倍本益比的水位。

圖表 3-10　A 公司透過買回註銷庫藏股使股票價值上漲

	2020 年	2021 年
淨利	1 億元	1 億元
流通股數	100 股	90 股
每股盈餘	100 萬元	111 萬股
股價	500 萬元	500 萬元
本益比	5 倍	4.5 倍

　　假如經營團隊持續使用盈餘買回庫藏股註銷，股價就會出現結構性的提升，本益比將可達到八至十倍。

殖利率過高要小心

　　Amazon、Facebook、Alphabet、特斯拉這類的成長股從來都沒有發放過股利。韓國國內平台企業中，NAVER 和 Kakao 還是會象徵性發放小額的股利。但因為這種高成長企業，會針對有機會的領域集中進行設備投資、研發、併購，因此股利完全不是問題。對於股東來說，與其現在領取股利，把這筆錢給企業用在未來投資上，繼續創造收益率，透過股價上漲獲得報償，反而更有利可圖。

　　科技巨擘中成長趨勢最平緩的蘋果，有好一段時間沒有發放股利，一直到 2012 年開始才重新發放現金股利，而微軟則是從 2003 年開始就一直有發放現金股利。微軟、蘋果、三星電子都稍稍提高了股利，殖利率一直維持在 1 至 2%。

　　反之，成長停滯或者出現逆向成長的銀行、通訊、鋼鐵、石油／煉油、

菸草等舊經濟產業會將一半以上的淨利作為股利發放，股東總回報率中的股息報酬率（殖利率）佔大多數比例。由於成長潛力低，所以大部分股價會停漲或者下跌，販售萬寶路的美國企業奧馳亞（Altria）與菲利普莫里斯的殖利率足足有 6 至 8%，但是股價卻連續四年都走跌。不管殖利率再高，我們也應該要挑選一間日後股利至少不會減少的企業。

　　過去十年來，Facebook 與 Amazon 股價每年上漲約 30%，Alphabet 每年 19%。蘋果與微軟每年雖然都發放 1 至 2% 的股利，但是兩間公司還是創下了 20% 左右的股價成長率。以韓國來說，NAVER 的成績最優秀，2011 年以後年增 20%，同期間三星電子每年上漲 15% 再額外追加 1 至 2% 的殖利率。反之，KB 金融這十年來的股價每年走跌 3%，與 4% 的殖利率互相抵消。現代汽車股價則是年增 1%，股利約落在 2%。

　　不管殖利率再高，如果像韓國金融控股公司的狀況一樣，本業開始出現動搖，股價就可能下跌。新韓控股持有自家自公司新韓銀行的股票，以目前 5% 的股殖利率引以自豪，但實際上過去五年來股價每年下降 4%（十年年化 4%）。

新韓控股過去十年的股價總報酬率＝

每年股價成長率（–4%）＋股息報酬率，即殖利率（5%）＝每年 1%

　　股利與企業獲利息息相關，所謂的股息發放率呈現的是每年本期淨利中現金股利所佔的比率，2019 年三星電子從 22 兆韓元淨利中提出 10 兆韓元發放現金股利，因此股息發放率為 44%。2018 年三星電子的淨利是 44 兆韓元，同樣也是發放 10 兆韓元現金股利，2019 年半導體景氣下滑，即便利潤大幅銳減，但是為了保持和股東的約定，股利規模依然維持不變。作為股東

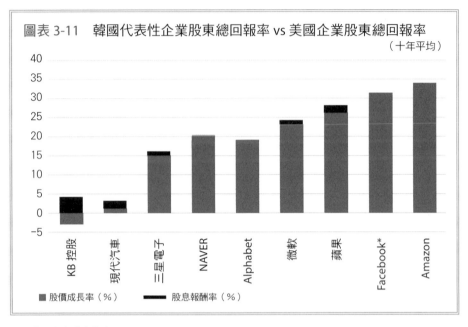

圖表 3-11　韓國代表性企業股東總回報率 vs 美國企業股東總回報率

（十年平均）

　股價成長率（%）　　　股息報酬率（%）

* 上市八年來的成長率
出處：雅虎財經

友好政策的一環，三星電子短期內可能將持續維持高配息。

友善退休人士的美國股息貴族與股息王者股

　　2020 年因新冠肺炎，導致全球上市公司的股利相較前一年都出現微幅調降，這個情況 2021 年也很難大幅好轉。隨著世界經濟衰退，全球上市公司的利潤與現金流也銳減，導致許多公司的股利大幅減少，甚至中止發放。

　　這段時間以來陷入短期主義（short-termism）的企業，特別是美國企業，出現了很多經營團隊懈怠於針對長期成長的投資，轉以買進庫藏股維持

股價與過度發放股利的案例，就像是這次接受政府金援的航空、汽車與零售公司等。韓國企業現在也處於沒有餘裕支付股利的狀態。

　　現在全球的殖利率平均高於 2％多一點，還是高於美國十年國債 1.0％的利率。韓國目前的殖利率是 2％。二十年前韓國銀行的存款利率非常高，落在 4 至 5％，在這個時期，除了股票大漲以外，流入股市的資金有限。但是近年來銀行利率連 1％都不到，資金當然會湧入證券市場。

　　具有悠久傳統的藍籌股當中，有許多數十年來不斷提升股利的企業，這些企業很可能會以穩定的商業模式為基礎，持續維護股東友善政策，建議退休後仰賴年金和金融收入過日子的五十歲以上族群可以投資這類股票。

　　在美國持續發放現金股利二十五年以上的企業被稱為股息貴族（dividend aristocrat），艾伯維（AbbVie，殖利率 5.0％）、金百利克拉克（Kimberly-Clark，3.3％）、百事可樂（2.9％）、麥當勞（2.5％）、Target（1.4％）、沃爾瑪（1.5％）等，光是 S&P500 指數股就有超過六十個。

　　連續五十年以上發放現金股利的企業被稱為股息王者（dividend king），可口可樂（3.4％）、嬌生（2.5％）、P&G（2.4％）、高露潔－棕欖（2.1％），大都是我們熟知的避險性消費相關股。S&P 指出，股息王者經過長時間後，創下了比美國股市更低的風險以及股價上漲率較高的優秀投資成果。

蘋果的股價漲太多了嗎？

　　蘋果的總市值超過 2 兆美元，幾乎等同於大韓民國的 GDP，但同時也是科技巨擘中，過去十年來唯一一間淨利年增率停滯在 10％不動的企業。2007 年 iPhone 推出後，蘋果的企業規模大幅擴增，由於當時蘋果還不是採

取平台式商業模式，因此拓展性不高。

但是蘋果的股價從 2011 會計年度開始，從十年來的 13 美元均價上漲至 133 美元，漲幅 923％，同期淨利也增加了 166％。我們不能說蘋果股價上漲的原因，單純只是因為利潤增加，除了利潤增加以外，以下兩點也是股價大幅上漲的原因之一。

第一點，基於回報股東，蘋果每年買回 4％庫藏股註銷。同一期間流通股數減少 34％，但是淨利增加 166％，每股盈餘增加 300％。

第二點，本益比十年來上漲 2.5 倍之多，原因在於市場認為蘋果已經從原本單純製造、銷售 iPhone 的公司，蛻變成為擁有十億顧客生態鏈的服務

圖表 3-12　蘋果的利潤、股價、本益比

	流通股數	淨利	每股盈餘	年均股價	年均本益比
2011	262 億股	259 億 美元	1.0 美元	13 美元	13 倍
2012	265 億股	417 億 美元	1.6 美元	21 美元	13 倍
2013	261 億股	370 億 美元	1.4 美元	17 美元	12 倍
2014	245 億股	395 億 美元	1.6 美元	22 美元	14 倍
2015	232 億股	534 億 美元	2.3 美元	30 美元	13 倍
2016	220 億股	457 億 美元	2.1 美元	27 美元	13 倍
2017	210 億股	484 億 美元	2.3 美元	35 美元	15 倍
2018	200 億股	595 億 美元	3.0 美元	47 美元	16 倍
2019	186 億股	553 億 美元	3.0 美元	49 美元	16 倍
2020*	175 億股	574 億 美元	3.3 美元	86 美元	26 倍
2021E**	173 億股	690 億 美元	4.0 美元	133 美元	33 倍
十年平均成長率	－ 34％	166％	300％	923％	154％

* 2020.10.31 結算會計年度
** 股價為最新股價、每股盈餘為市場共識預測

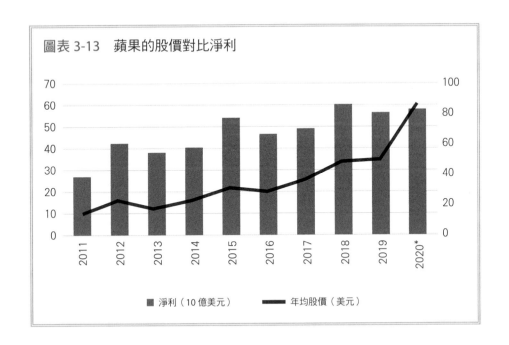

圖表 3-13　蘋果的股價對比淨利

淨利（10 億美元）　　年均股價（美元）

企業。這個情況一直持續到 2020 年下半季，2021 年的預估收益本益比更一路攀升到三十三倍。

後續難以期待買回庫藏股註銷所產生的效果

　　2011 年賈伯斯過世後，如預期般提姆・庫克上任成為 CEO。庫克不同於賈伯斯，他會聽取包含股東在內之利害關係人的意見，屬於均衡型的經營者。賈伯斯生前，蘋果最大的資產就是他的領袖風範與創意。而蘋果現在最大的資產是庫克具節制性的領導能力、品牌與數萬名工程師和科學家。

　　當蘋果公司的現金以等比級數累積起來後，2013 年 2 月激進型避險基金經理大衛・安宏（David Einhorn），以及更老練的卡爾・伊坎（Carl

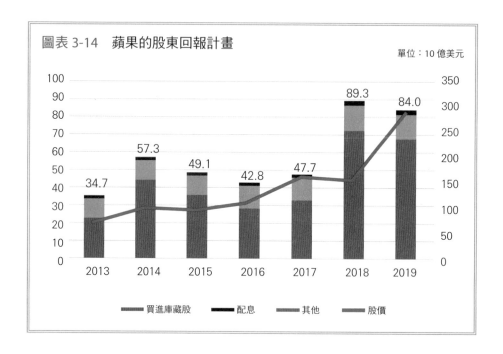

圖表 3-14　蘋果的股東回報計畫

單位：10 億美元

買進庫藏股　配息　其他　股價

Icahn）在 11 月時大量買進蘋果股票，要求蘋果提高股利並註銷庫藏股。他們主張「公司已經過量累積 145 億美元現金，應該要回饋給股東。而且公司營運狀況良好，現金流量也很優良（在財務結構沒有任何壓力內），應該發行公司債，買回並註銷庫藏股，盡可能努力讓股價復位」。

伊坎於 2005 年買進 KT&G 的股份後，也曾強力要求執行股東回報計畫（capital return program）與董事會升級，他在韓國也是家喻戶曉的一號人物。伊坎 2007 年就已經揭露雷曼兄弟賣空的非法會計，也預測到下一年的金融危機。

被譽為華爾街最敏銳的避險基金經理人，伊坎在 2011 年的時候，也提出微軟必須解雇當時的 CEO 史蒂夫·巴爾默（Steve Ballmer）才能夠東山再起，他認為「巴爾默的思考還停留在二十世紀，不符合正在轉換成行動

世代的數位環境」。事實上，2014 年巴爾默卸任之後，由薩蒂亞‧納德拉
（Satya Nadella）接任 CEO，微軟經營策略轉向以雲端為中心，當年原地踏
步的微軟目前發展得一帆風順。

蘋果從 2012 年就以小規模開始實行還原股價政策，在這之後不但股利
增加，每年還花上數百億美元買回並註銷庫藏股。過去四年以來花費 3,113
億美元，透過發放股利和註銷庫藏股的方式還原股價，這筆錢高達三星電
子總市值的 63%，是非常大筆的金額。2018 年 7,271 億美元、2019 年 6,721
億美元、2020 年 727 億美元，蘋果花這些錢買回並註銷庫藏股，這段時間
股價有足夠的理由持續上漲。

目前單純的利潤成長率會拉動股價，日後就算花費 727 億美元以上買回
註銷庫藏股，由於蘋果的總市值已經超過 2 兆美元，股價供需或基本面的影
響會比過去更有限。蘋果的本益比相比 2021 年預估收益高達三十三倍，如
果沒有揭露推出「蘋果 Car」等新成長潛能，很難期待蘋果的股價會更進一
步提升。

決定股價的五大要素 ③財務結構

財務結構不良的企業，股價取決於債務

2020 年底大韓航空宣布併購韓亞航空後，看到股市的反應讓我不禁失望。特別是在閱讀證券公司的研究資料時，更感覺到過去這二十年來，分析師的能力大幅退步。

如果不了解大韓航空或韓亞航空擁有大量債務的企業財務結構，就無法談論它們的股價。在美國，如果公司貸款比率超過 200 至 300％的話，債權團將會開始介入企業經營。所謂計息債務（interest bearing debt），指負債中銀行貸款、公司債等產生利息的債務，不包含應付帳款、預收款、應付款費用等流動負債。華爾街跟韓國一樣，確認財務健全性時會使用貸款比率（貸款／資本總額）而非負債比率（負債總額／資本總額）。債務的絕對規模與方向性（增減與否）都非常重要。

財務結構不佳的企業，總市值（股價）會因現階段的貸款規模與未來是否增減而決定。1998 年 4 月我還在擔任三星證券研究中心主管時，發布過的一篇報告──〈企業負債減少會帶領股價上漲〉（Deleveraging Will Drive Share Price）中就曾預測，IMF 危機後韓國企業努力減少債務，帶動 KOSPI 上漲，而實際上 KOSPI 十八個月內急遽上漲了 150％。

　　如果以買進不動產舉例的話，各位會更容易了解槓桿的概念。假設有三位四十歲左右的一家之主，以十億韓元的價格買進位在首爾的住宅大樓。

金先生：存款多又有遺產，全額以現金買入
李先生：存款不足，貸款 5 億韓元
朴先生：因為兒女的補習費導致存款不足，貸款 7 億 5,000 萬韓元

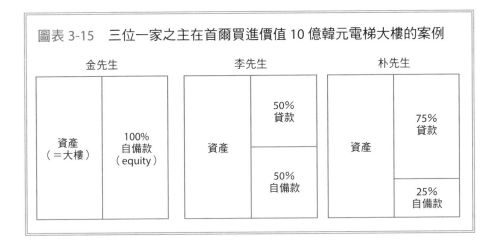

圖表 3-15　三位一家之主在首爾買進價值 10 億韓元電梯大樓的案例

　　雖然這三個人都是一間價值 10 億韓元住宅大樓的屋主，但是自備款（equity）的規模卻不相同。以 2 億 5,000 萬韓元買到房子的朴先生，等於是只花了金先生（自備款 10 億韓元）四分之一的價格買到這間大樓嗎？並不是的。朴先生雖然依法來說是這間房子的屋主，但實際上他等同於是跟抵押貸款的銀行共同持有。如果最後他沒能還清 7 億 5,000 萬韓元的銀行債務，就不能說這間房子完全屬於他自己。

　　槓桿的魔法就在於資產價格上升時可以提高報酬率。假設房子的價格一

年內上漲了 10%（1 億韓元），金先生就等於產生自備款中 10%（1 億韓元
／10 億韓元）的收益，但是李先生的自備款則產生了 20%（1 億韓元／5
億韓元）的收益，而貸款金額佔比房價 75%的朴先生，則足足產生了 40%
（1 億韓元／2 億 5,000 萬韓元）的收益。

　　就像自住用的不動產一樣，這種經過長時間會緩慢上漲的資產，利用借
貸投資是正確的選擇。在美國，三十年的抵押貸款可以借到房價的八成，這
是金融機構歷經超過百年經驗後所得出的結論。當然，槓桿如果開太大，本
金也可能全部灰飛煙滅，以朴先生來說，如果房價下跌 25%，代表他的投
資本金已經歸零。

　　大韓航空的企業價值約為 20 兆韓元（總市值 5 兆＋債務 15 兆〔計息
淨貸款〕），而韓亞航空約為 10 兆韓元（總市值 1 兆韓元＋債務 9 兆韓
元）。如果把總市值視為是自備款，單純把這兩間公司加總計算的話，6 兆
韓元的總市值，卻整整有 24 兆韓元的債務。如果買進這張已收購韓亞經營
權的大韓航空股票，投資人等於要頂下 24 兆韓元的債務。對於脆弱的財務
結構來說，當務之急是先償還債務，唯有縮小貸款金額，股價才能夠上漲。
大韓航空與韓亞航空合併，從常理來說是一場令人難以理解的交易。

　　韓亞航空的基本面大幅「低於」大韓航空。2019 年大韓航空的息稅折
舊攤銷前盈餘（earnings before interest, taxes, depreciation and amortization，
EBITDA）為 19%，而韓亞航空連大韓航空的一半都達不到，只有 9%，等
同於大韓航空用約等同自家股票企業價值倍數（EV/EBITDA 八至十倍）兩
倍的「非常昂貴價」併購韓亞航空。打個比方來說，就是只出一點自備款買
了 10 億韓元的住宅大樓，其他錢大舉向銀行貸款，等於花了 20 億韓元買房
子一樣。

　　對大韓航空的少數股東而言，如果接受這次交易，必須將韓亞航空的股

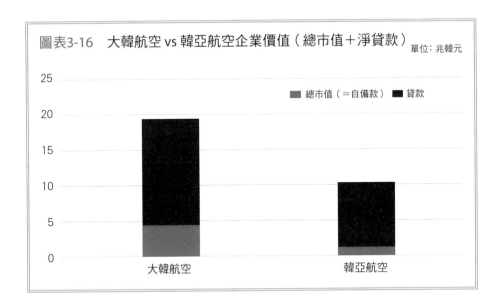

圖表3-16　大韓航空 vs 韓亞航空企業價值（總市值＋淨貸款）單位：兆韓元

票 100% 減資，並承擔 70％以上的債務，如此一來，合併後才能誕生出一間「健康的」國家航空公司。不過被政治擺布的產業銀行會長，是不會花心思釐清這種經濟理論的。

—知識補給—

以兩倍正常價收購 Bobcat 而吃盡苦頭的斗山

2020 年 12 月斗山集團屈服於債權團施壓，在結構調整的過程中，宣布要將負責建設機械、引擎開發／生產企業的斗山工程機械賣給現代重工業集團。2007 年斗山工程機械勉強收購美國建設設備製造商 Bobcat。這個案例提醒了我們，如果仰賴槓桿以高價併購景氣敏感企業的話，將會留下非常嚴重的後遺症。

接下來我所敘述的內容，是一位跟我關係匪淺的後輩 C 身為避險基金經理人時的經驗談。他近期隱退，目前正在大學擔任教授，在這之前，他在一間美國優秀避險基金 E 公司的香港分公司工作，創下了傑出的投資成果。就讓我們以他的角度來介紹斗山投資的經驗談吧。

買進斗山原因

2006 年底斗山宣布要轉為控股公司並進行產業結構調整。雖然現在控股公司很常見，但對於當時的證券公司而言，幾乎沒有分析師可以確實了解何謂控股公司（換言之就是新聞不會有效反映出這則消息）。控股公司的價值可以透過「控股公司自身事業價值＋子公司價值－負債」簡單計算，這稱為淨資產價值。

控股公司（控制結構等各種因素是否造成影響）理論上來說，基於企業所屬國家額外的企業所得稅率，應該以約 10％折扣價在股票市場上交易，

但當時斗山控股公司宣布後，交易價格的折扣依然落在淨資產價值的 50%
以上。

除了轉換成控股公司所帶來的節稅效果 * 以外，還有事業結構調整（減
少虧損事業）與控制結構改善等量化與非量化的正面因素，再加上計算斗山
未來價值時，發現目標股價應為 10 萬韓元，但當時的股價只有 5 萬韓元。
如果在一個月內分批進場的話，股價日後可能會根據股票市場的條件飆漲超
過 20 萬韓元以上。當時我抱持著先發制人的原則，當股價從 10 萬上漲到
15 萬韓元，就開始分批賣出。

斗山工程機械的敗筆

一年後，2007 年底斗山的孫公司（斗山子公司斗山重工業的子公司）
斗山工程機械宣布以 5 兆 5,000 億韓元收購 Bobcat。一般來說，建設設備產
業會以 EV/EBITDA 七倍左右進行交易，但十五倍以上 EV/EBITDA，等於
是以非常昂貴價進行收購。

當時我們公司以進行企業分析時所採用的經濟指標看來，在產業循環幾
乎走到頂點之際，斗山工程機械卻選擇在週期巔峰（peak cycle）以尖峰價格
（peak valuation）收購 Bobcat。

再加上對斗山工程機械的規模與資本結構而言，5 兆 5,000 億韓元是負
擔非常大的金額。當時賣方英格索蘭所賣出的並不是企業整體，而是分割出
來的營業部門，買方斗山工程企業是以發行償還義務轉換特別股等複雜的承

---

* 在非控股公司的情況下，企業會向股東們進行二次徵稅。子公司支付完企業所得稅後發放股利給身
　為股東的母公司時，又必須要針對股利所得繳交企業所得稅，因此子公司的股息必須被課兩次稅，
　但是控股公司不需要為子公司的股利所得支付稅金。

兌融資進行收購。

　　當時我跟證券公司的分析師們通話時，都認為完全無法理解這件事（立刻得出這場交易無法反映出市場效率的結論）。在這之後的一個月內我開始賣空，2008 年時將賣空補回（從 1982 年就成為斗山棒球隊粉絲的我，現在想起這場交易還是感到萬分可惜，這是一場導致斗山集團到現在都還是舉步維艱的併購交易）。

每年都跟股東要錢的大韓航空

　　大韓航空過去一年內就果斷執行了兩次有償配股（包含 2021 年 3 月的第二次增資）。過程中大幅降低沒有參與增資之現存少數股東在大韓航空未來收益上的權利，股東價值遭受「稀釋」的問題非常嚴重。

　　2020 年 7 月投入 1 兆 1,269 億韓元的第一次增資中，如果現存股東沒有投注現金給大韓航空參與增資，對於未來收益的權利會從 100％降低至 55％。如果股東又沒參與 2021 年 3 月預計投入 2 兆 5,000 億韓元規模的有償增資，持股就會進一步縮減成為 27％。在股價已經被打五折的狀態下，又強制執行第二次增資的經營團隊，以及同意這項決策的董事會，正在破壞股東價值。

　　大韓航空每年都跟股東要錢，2020 年以克服新冠肺炎為理由，這次則是以併購韓亞為理由。但如果想要增資，應該要學學特斯拉。特斯拉利用飆漲的總市值，在 2020 年果斷執行了三次的有償配股。2020 年底，特斯拉透過最後一次增資獲得 50 億美元的新注資金，股票稀釋率只有 0.8％，不管對股價或現存股東都沒有造成任何衝擊。

　　大韓航空的股價相較十年前每年下跌 9％，但相比五年前卻每年僅上

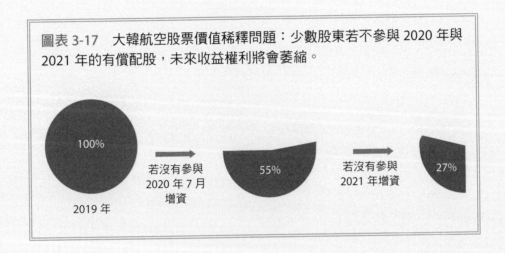

圖表 3-17　大韓航空股票價值稀釋問題：少數股東若不參與 2020 年與 2021 年的有償配股，未來收益權利將會萎縮。

漲 3%。針對身為價值破壞代表的大韓航空，某些分析師在設定目標股價的時候（以三星電子為標準），會將股價淨值比（PBR）標準乘以 1.5 至 2.0 倍，看來韓國證券公司們也很清楚為什麼這間公司無法獲得投資人的信任。

　　過度槓桿的問題也不只有發生在韓國財閥之中，最近各國也因為企業過量的債務引發國家層級的問題。

過分槓桿招致金融危機

　　金融業很容易受景氣影響，銀行的商業模式是以創造超過股東權益十倍的槓桿，接受存款並發放貸款給散戶與各個產業中各式各樣的企業家，再從中收取價差及各種手續費。

　　被貪婪所支配的華爾街三大投資銀行——高盛、摩根士丹利與美林證券，2007 年當時以接近大韓民國 GDP（1 兆 1,000 億美元）的資產在全世界滾錢。2007 年這三間公司的總資產分別為 1 兆 1,000 億美元、1 兆美元、

1 兆美元。這筆無法落實風險管理的龐大資產規模雖然有問題，但更嚴重的問題在於過高的槓桿。當時的槓桿倍數（總資產／股東權益）高盛高達二十六倍、美林證券三十一倍、摩根士丹利三十四倍。

如果掉進槓桿的誘惑之中，就會形成過度投資，最後若像大韓航空與韓亞航空一樣陷入虧損的話，作為分母的股東權益會減少，形成槓桿倍數激增並惡化的惡性循環。2008 年金融危機破產的雷曼兄弟等華爾街投資銀行，雖然報酬率非常高，但是也大量投資高風險的抵押債券，導致公司開始虧損。由於槓桿開到三十倍，即使只扣除總資產的 3%，就等於股東權益幾乎被蠶食一空。

美國金融體系瀕臨崩潰邊緣（這可以解釋現在進行式的大韓航空與韓亞航空合併是多麼危險的一場交易），最後美林證券被身為商業銀行的美國銀行收購、高盛受到巴菲特以特別股出資才終於度過這場危機。

2008 年金融危機前，美國三大投資銀行將槓桿開到幾乎三十倍的原因，就是想提高股東權益報酬率（return on equity，ROE）。ROE 是用來評估淨利（賺錢多寡）對比公司投入的股東權益（自有資本）的比率，一般來說，ROE 超過 10% 就代表「表現不錯」的企業，如果持續高於 15% 以上就會被視為「優良企業」。ROE 經常被用來評估企業的經營成果，在股票投資上也絕對是成績單象徵。

包含破產的雷曼兄弟在內，華爾街的投資銀行在 2000 年代中都養成了壞習慣，他們認為即使經營成果不盡理想，只要提高槓桿就可以優化 ROE。金融業基本標準的 ROE 是 10%，但當時超優良的投資銀行為了維持高股價，目標是讓 ROE 超過 20%。高盛在 2006 與 2007 年即便資產報酬率（return on asset，ROA）只停留在 1%，但 ROE 卻兩年都高達 33%，這就是三十倍槓桿所帶來的成果。當然，這種商業模式並沒有永續性。

2010 年上映的《華爾街：金錢萬歲》是 1988 年上映之《華爾街》的續集，是一部講述了美國次貸危機與 2008 年金融危機的電影，與上一集一樣，麥克・道格拉斯（Michael Douglas）完美詮釋了主角葛登・蓋柯（Gordon Gekko）一角。「所有惡的根源都來自於人類想投資的欲望，盡可能想借到更多錢，但是仰賴債務的投資，就跟癌症一樣，是一種不好的疾病。」他用這段話形容金融危機，並為演講畫下了句點。

─知識補給─
深入了解 ROE

所謂的 ROE 杜邦分析

「杜邦分析」是華爾街經常使用的營運成果指標。杜邦指標可以評估公司如何使用自己的資產、賺了多少淨利，不僅便於理解，還能夠立刻反映出各個產業類別和公司類別的特性。ROE 雖然越高越好，但是根據產業類別或企業發展階段會有所不同，因此我們需要杜邦分析將組成 ROE 的要素逐一分開觀察。我們必須養成習慣，了解企業五到十年來的 ROE 走勢，並且與競爭對手的 ROE 進行比較，而不是只透過一年的數據就妄下結論。

一般來說，ROE 若持續超過 10%，就屬於一間「不錯」的企業。但是汽車產業裡除了製造超跑的法拉利和藍寶堅尼等企業以外，幾乎沒有能夠持續達到 10% ROE 的企業，汽車是一個很難賺錢的產業。三星電子過去五年來的 ROE 落在 9 至 21%，屬於良好的企業，但是變化非常劇烈。

計算 ROE 的方法

ROE 是 ROA 乘以槓桿計算而得。ROA 可以計算出企業利用持有的總資產賺到多少錢（淨利），屬於非常基本面的經營指標。像星巴克、蘋果、家得寶這種長期大規模買回註銷庫藏股的企業，由於帳面上的股東權益因人為性操作而縮減，計算 ROE 根本毫無意義，這種情況下會建議大家使用

ROA 分析。像 2007 年華爾街投資銀行的案例一樣，如果企業透過槓桿優化 ROE，就要深入了解背後的原因。

股東權益報酬率（ROE）　＝淨利／股東權益 *
　　　　　　　　　　　　＝資產報酬率（ROA）× 槓桿
　　　　　　　　　　　　＝淨利／總資產 * × 總資產／股東權益
　　　　　　　　　　　　＝淨利／銷售額 × 銷售額／總資產 × 總資產／股東權益
　　　　　　　　　　　　　（淨利率）　　（總資產周轉率）　　　（槓桿）

　　　　　　　　　　　　　　　　　　　　　　　　* 期初與期末的平均

淨利率

ROE 拆解開來看，是「淨利／銷售額」、「銷售額／總資產」、「總資產／股東權益」的乘積，其中「淨利／銷售額」是所謂的淨利率，簡單來說就是「賣掉東西之後還剩多少錢」，像愛馬仕這類銷售頂尖精品的公司，淨利率超過 20％。

像沃爾瑪和 Costco 這類的折扣商店，採取的是薄利多銷的策略，淨利率雖然非常低，但幾乎不會有變動，Costco 2020 會計年度的淨利率是 2.4％。三星電子過去五年來的淨利率落在 9 至 18％，雖然表現偏優，但是從 IT 製造業的特性來說變動很大。

總資產周轉率

「銷售額／總資產」的倍數被稱為總資產周轉率，可以呈現出「企業動用所有資源可以產生多少銷貨收益」。Costco 的總資產周轉率為 3.3 倍，非

常高。一般來說，折扣商店與便利商店的總資產周轉率會大幅高於百貨公司，但是淨利較低，雖然利潤不高，但銷售額高。

假如客單價 7 萬韓元的法國餐廳一天只收一桌，和一間客單價 7,000 韓元但整天客人絡繹不絕的明太魚乾湯餐廳相比，後者的 ROE 可能會更高，加上明太魚乾湯餐廳不會受到景氣不振的影響，收入幾乎不會有變動，屬於價值較高的商業模式。

作為薄利多銷代言人的 Costco，雖然淨利率僅有 2.4%，但是客人總是絡繹不絕且客單價高，因此總資產周轉率有三十三倍之多，這就是 Costco 能夠維持高達 24% ROE 的秘訣。同時，Costco 透過給予股東高額股利，將股東權益維持在適當的標準，槓桿倍數也一直保持在最剛好的三倍。Costco 可能會被認為是過時的企業，但是它友善股東且有著合理的經營模式。

Costco2020 會計年度 * ROE ＝ 23.9%
　　　　　　　　　　　　　＝ ROA × 槓桿 ＝ 7.9% ×3.0 倍
　　　　　　　　　　　　　＝（淨利／銷售額 × 銷售額／總資產）× 槓桿
　　　　　　　　　　　　　＝（2.4% ×3.3 倍）× 3.0 倍

* 2020 年 8 月結算

決定股價的五大要素 ④利率

利率與股價呈反指標

　　一般來說，低利率對股價而言是利多，由於新冠肺炎帶來豐富的流動性與超低利率，以至於股票、債券、不動產等幾乎所有資產都處於牛市。股價會受到「絕對價值」和「相對價值」的影響。以絕對價值來說，股票目前價值是由未來企業的獲利（分子）除以目前價值（分母），如果利率下調的話分母就會變少，因此股票的目前價值就會上升。

　　雖然利率下調也代表著經濟萎縮，但因為分母減少的幅度大於經濟萎縮所引發的未來收益減縮（分子），因此股票價值會上漲，但也有例外的情況。當景氣出現快速復甦的徵兆時，利率與股價同時上漲的情況經常發生，雖然利率上漲會使分母變大，但是景氣復甦初期企業的未來收益同樣會獲得大幅改善（分子），所以股價的當前價值就會上漲。

　　所謂「相對價值」，是指股票相對於債券或不動產等其他資產的吸引力。目前全球股價的平均殖利率（股息報酬率）略高於 2%，是美國十年國債報酬率（1%）的兩倍之多。雖然股票的本金可能會虧損，但是債券價格過高（接近零利率）為股票帶來相對突出的優勢。2013 年獲得諾貝爾經濟學獎的耶魯大學教授勞勃・席勒（Robert Shiller）以擅長評估股市是否高估

圖表 3-18　利率與股息報酬率（全球平均）

單位：%

MSCI World 指數（股息報酬率）

Bloomberg Barclays Global Aggregate 指數（利率）

出處：金融時報

著名，2020 年 11 月他說道：「相較於債券的利率，股價相對來說更具吸引力」，全球中央銀行到 2022 年之前都未停止超低利率的政策，市場主要是由股票市場支撐。（編按：直到 2021 年底，各國中央銀行因應通膨而啟動升息計畫。）

決定股價的五大要素 ⑤公司治理

好治理，高溢價

　　所謂的公司治理是控制股東、海外股東、少數股東，以及其他各種利害關係人物，為了達到將企業利益最大化的共同目標肩負責任一起努力。某位跟我關係很好的美國投資人說：「在地球另一端的我們，總是擔心著我們所投資的韓國、中國、日本企業的經營團隊會不會做出什麼傻事。經營團隊給予信任感，建立起與股東之間的信任，就是一個好的公司治理」。韓國上市公司的控制股東們，比起提升企業價值，好像對於透過大量關係企業擴張勢力來強化所有權與支配權更感興趣。

　　商業法上有很多不利於少數股東的規定，董事會沒有發揮應有的功能，無法阻止會影響企業價值下跌的特殊關係人士交易。韓國沒有義務公開購買制度，因此大股東可以用高於少數股東兩至三倍的價格賣出企業。2016 年 KB 金融控股收購現代證券的時候，身為大股東的玄貞恩家族以 2 萬 3,182 韓元的價格賣出持股，但是散戶卻只能以 30％ 都不到的 6,737 韓元賣出，過度向有利於大股東的方向傾斜。

　　企業治理若獲得改善，由於風險會降低，股價估價（stock valuation）便會上漲。假設原本本益比為十倍的企業，可以透過改善企業治理提升至十三

至十五倍。2021 年以預估收益來說，蘋果的本益比是三十三倍、星巴克三十八倍、微軟三十一倍，都非常高。其中的原因之一，就來自優秀的公司治理。

我認為韓國企業中，NAVER 的公司治理是典範。NAVER 是以董事會為中心經營的企業，外部理事的素質很好，參與度也很高。良好公司治理的核心在於經營團隊與董事會之間的牽制與平衡，即便是先進國家也存在很多治理不良的公司。2008 年的全球金融危機，歸根究柢也是公司治理的問題，追求短期成果將槓桿開到三十倍以上的高盛、摩根士丹利、美林證券、雷曼兄弟等公司的經營團隊和無法牽制經營團隊的董事會要負上最大的責任，當時包含 CEO 在內的經營團隊獎勵制度是以短期成果為主，也是問題之一。

韓國企業在亞洲吊車尾

股票的價值不僅受到股東的企業利益共享與領取股利的權利的影響，也與其他「基本權利」方面相關。其中包含即時獲得企業相關重要資訊的權利、（具有表決權的普通股）在股東大會上票選董事會成員的權利、併購的投票權、提議企業營運變化的權利等。

不幸的是，韓國股東幾乎沒有基本權利，這也是韓國股票交易價相較同產業的海外企業受到打折的「韓國折價」的主因。總公司位於香港的亞洲公司治理協會（Asian Corporate Governance Association）最近的調查指出，韓國的公司治理排名亞洲十二國中的第九名，別說是澳洲、香港、新加坡，排名更低於馬來西亞、泰國和印度，排名在韓國之後的僅有中國、菲律賓與印尼。

先進國家的股東不只會在選拔理事時直接或間接行使影響力，也會更換

經營團隊，當公司有併購的時候，也會以提升股東價值為目標，在股東大會上行使表決權。股東應該要可以透過股東大會等各個管道為經營問題發聲，不管是控制股東、海外股東或少數股東，基本權利都沒有不同。

落實股東權利會為股價帶來溢價，銷售精品中的精品的法國品牌愛馬仕股價就高於其他奢侈品牌的企業。有一陣子金融市場上還傳出 LVMH 集團正在嘗試併購愛馬仕，因為 LVMH 集團買進了 20％左右的愛馬仕持股。雖然愛馬仕是家族企業，但是少數股東也能夠一起享受到股價溢價。

在國外，家族企業的股票在證券市場上被溢價交易，但為什麼韓國卻反其道而行被折價呢？我認為其中有四大因素。

第一點，韓國大企業集中在需要持續大規模設備投資的資本密集產業，除了韓國代表性的半導體、汽車、鋼鐵、煉油、石油化學產業以外，電池產業每年也都需要數兆韓元的投資。資本密集產業對於景氣非常敏感（highly cyclical），而且難以預測（low visibility），這是股價受到折價的因素之一。二十一世紀偏好的是蘋果這種輕資產營運模式（asset-light model）。

第二點，源於脆弱的公司治理。韓國經常發生少數股東受迫害的情況，也沒有相對的保護機制。目前配息率低，董事會也缺乏獨立性。

第三點，政府過度干涉也成為嚴重的折價因素。除了金融業、通訊業、韓國電力等約束性產業以外，連零售業也飽受政府干涉。

第四點，隨著人口自然減少損害到韓國內需企業的長期成長潛力，急遽放緩的內需成長率成為了折價的重要因素之一。

此外，部分人士主張南北韓關係或會計不透明等，並不是對於韓國折價合理的解釋。

正在改善公司治理的三星電子、現代摩比斯、KT&G

　　有部分人士想把公司治理導向外國人對本國人的對決，這個想法非常危險，公司治理不是一種零和賽局，而是一場所有股東都可以多贏的賽局。

　　作為世界最大激進投資基金的埃利奧特管理公司（Elliott Management），2015 至 2019 年曾經要求三星和現代汽車集團改善公司治理與提高股東收益。埃利奧特管理公司以過人的法律知識與精確的分析在華爾街受到尊敬，但卻是企業避之唯恐不及的對象。

　　埃利奧特管理公司 2016 年投資超過 20 億美元買進三星電子普通股 0.6％的持股，並在同年 10 月寄了一封〈提升企業價值之建議函〉（Letter to The Samsung Electronics Board of Directors Outlining Value Enhancement Proposals）給三星電子的董事會，還向一般大眾公開信件內容。埃利奧特管理公司以本益比、EV/EBITDA、股價淨值比（不包含現金價值）為標準，比較三星電子與全球九間競爭公司的股價，而三星電子的股價折價率為 34 至 68％。

　　除了 2016 年的三星電子以外，2005 年的 KT&G、2018 年的現代摩比斯、現代汽車、起亞汽車，都成了全球激進投資基金的目標。成為優秀激進投資基金的目標企業，不管該企業總部位於何處，都會有以下幾個共同點：

- 總市值有數兆韓元以上。
- 基本面非常優秀。
- 因公司治理問題無法獲得足夠的市場信任。
- 與全球同產業的其他公司相比，股價被大幅低估。

　　三星電子與現代集團旗下三間公司都以具有世界級產品競爭力而自豪，而 KT&G 則是韓國香菸的壟斷企業。諷刺的是，三星電子、現代摩比斯、KT&G 都在接受部分激進投資基金的要求後，股東價值獲得了改善，因為埃利奧特管理公司與卡爾・伊坎所要求的擴大發放股利、買回庫藏股註銷、售出閒置資產、改善治理結構，都是可以惠及所有股東的事情。KT&G 經營團隊被要求採取以股東為中心的經營模式後，公布了「股東回報與中長期成長策略」，後來 KT&G 確實養成與股東分享利潤的股利發放慣例，2020年預估 KT&G 的殖利率也將有 5％。

　　三星電子接受了埃利奧特管理公司的庫藏股註銷要求，2017 年註銷了流通股數 10％的股票，共 1,384 萬 3,690 股，因此大幅提升了股東價值。股利方面也從 2016 年的 570 韓元持續增加至 2019 年的 1,426 韓元，也遵守了要將 50％自由現金流量（free cash flow）返還給股東的承諾。

　　現代摩比斯則在 2019 年 3 月的股東大會上，與埃利奧特管理公司展開一場委任狀的對決。雖然資方的提案全數在股東大會上以原案通過，但是過程中摩比斯改善了公司治理，2019 年股東大會上選出的兩位外國外部理事比過去更加獨立，正在扎扎實實執行同一年所公布的〈提升股東價值策略〉。

　　上市公司一定要提升股東價值。怠惰於持續使利潤成長、配息、買回註銷庫藏股、升級董事會的企業，特別是該企業經營成果優秀的話，不管總公司位在何方，激進投資基金都會產生興趣。屬於避險基金之一的激進投資基金，對於韓國企業的經營團隊毫無興趣，他們只要達成自己的目標收益率，就會毫不留戀地處分股票離開韓國。

▋ 股票分類的四分法

好公司、好股票

　　股票市場雖然看似複雜且困難，但是如果把股票分成下面四種，就簡單多了。

- 好公司、好股票
- 好公司、壞股票
- 壞公司、好股票
- 壞公司、壞股票

　　四分法是我在和全球避險基金大量討論的過程中所領悟出來的，對於合理分類投資標的與簡化思考框架非常有效。

　　二十九年前韓國股市剛對外國人開放時，美國避險基金大膽買進當時是「好公司、好股票」的韓國移動通訊（現 SK Telecom）、安國火災（現三星火災）、浦項鋼鐵（現 POSCO）與「壞公司、好股票」的江原產業、東國製鋼等股票，從中賺取了數十倍的利差。

　　好公司與壞公司用一般常識就能分辨出來。產品與服務優良、收益性高，且具有高度成長潛力的話，就屬於好公司。韓國權值股中好公司只有三星電子、SK 海力士、NAVER、LG 生活健康等幾大企業。

　　十到十五年前，也出現過像現代汽車或起亞汽車一樣透過產品改革，從壞公司搖身成為好公司且股價大幅上漲的案例。但是目前的現代汽車集團正介於好公司與壞公司的界線上，雖然公司表現良好，但由於汽車產業經歷劇烈變化，未來難以預測。

　　愛茉莉太平洋過去是好公司，但現在已經不是了。幾年前愛茉莉太平洋蓋了一間過大的公司大樓後，失去了初衷，產品競爭力大幅落後。

　　要分辨好公司、壞公司，CEO 的能力是最重要的要點之一。浦項鋼鐵就是經歷好幾次政治風波，隨著經營團隊變換，CEO 下達錯誤決策，從好公司淪落為壞公司的案例，最後增加的只有債務。不幸的是，韓國電力、大韓航空等產業環境艱難，本來就屬於壞公司。

　　其中還有隨著產業成熟、成長放緩，漸漸從好公司轉變成壞公司的案例，其中以 SK Telecom 最具代表性。還有像斗山、金湖這種集團領導力不足，無法找到競爭力的公司，也屬於壞公司。還有樂天、新世界、新韓控股、KT 等事業組合以內需為主的公司，由於人口減少、內需放緩等因素，難以擺脫「壞公司」的形象。

　　要區分好公司與壞公司很簡單，但是要分辨出好股票與壞股票比想像中困難，因為我們必須判斷股價上反映了多少公司的基本面。「好公司、好股票」可以長時間持續帶來投資收益，而「壞公司、好股票」則能夠在短期內帶來最高的投資收益。

　　三星電子、NAVER、LG 生活健康、TSMC、Costco、LVMH、Nike、Amazon、Facebook、微軟等公司是適合長期持有的「好公司、好股票」，從長期來看，預估每年可以持續產出 10％以上的收益。除此之外，國外的好公司還有 Netflix、輝達、愛迪達、沃爾瑪、P&G、迪士尼、LVMH、開雲、萊雅、雅詩蘭黛、好時、羅氏等，不勝枚舉。

壞公司、好股票

「壞公司、好股票」很危險，但是有機會「暴漲」，因為當股票徹底被忽略時，股價就會過度下跌，景氣循環股或證券股就適用於這種狀況。觀察這種企業一個週期內的平均，就能發現 ROE 不高，且對於產業現況非常敏感。當它們的股價過度下跌、100％反映利空的時候，就會成為「壞公司、好股票」。這種股票上漲時，至少可以從低點上漲好幾倍，當然股價達到高點後又反覆進入下跌的週期。

「壞公司、好股票」因為公司的基本面不佳，不適合長期持有。對景氣十分敏感的海運股、造船股就是典型的「壞公司、好股票」。2009 年開始，隨著兩年內景氣復甦，韓進海運、三星重工業等股價曾經暴漲好幾波，但是韓進海運於 2017 年宣告破產。

購買造船、海運、半導體、汽車、鋼鐵、硫化物等景氣循環股時，推薦各位採取本益比非常高時買進、本益比最低時賣出的策略，正好與一般認知相反。

產業需求狀況不佳，產品價格下跌的話，景氣循環股便會出現虧損或利潤率惡化。這時候會落在第一章圖表 1–5 （33頁）的產業景氣前低點「T－9個月」前後，此時為虧損狀態無法產出本益比，或者作為分母的淨利（或每股盈餘）過低，本益比通常高達數十或數百倍，大約這時候或幾個月前就是進場的時間點。

反之，如果利潤達到高點（下一個高點「T＋18個月」），由於分母過大，本益比只有幾倍而已，這個時候或是再稍早一點，就應該要賣掉股票退場。市場具有提前反應基本面的傾向，股價的低點與高點會走在企業利益轉捩點之前。

　　由於「壞公司、好股票」必須精準挑選進出場的時機，不是業餘投資人可以輕鬆上手的領域。

壞公司、壞股票

　　像大韓航空這種每年增資跟股東要錢，還用高價收購競爭對手的企業，就是典型的「壞公司、壞股票」。韓亞航空因為債務過多的關係，目前的股票價值接近於零，所以韓亞航空也是「壞公司、壞股票」。

　　往後的二十至三十年，ESG（環境、社會、公司治理）會成為企業經營的軸心，忽視 ESG 的企業會特別遭到千禧世代與 Z 世代唾棄。被深深烙上地球暖化主謀的美國埃克森美孚、英國 BP 等石油公司、萬寶路生產商奧馳亞、菲利普莫里斯，雖然都有著 6 至 9％的殖利率，但是股價已經連續好幾年下滑。韓國也要求鋼鐵、石油化學、水泥、煉油產業在 ESG 觀點上要多加著墨。不接受以 ESG 作為經營核心價值的企業，未來不會受到共同基金和年金的歡迎，必定會處於弱勢。

　　四分法理論不僅可以用於個股上，也適用於特定國家的股市。在外國人眼中，1998 年亞洲金融危機時期的韓國股市就是「壞公司、好股票」。加上匯兌利差的話，在這之後的海外投資人，都在韓國股市裡獲取了數倍的收益。

　　1990 年代韓國股票在全球金融市場上還很「冷門」，一位我熟識的美國避險基金經理，當時同時負責土耳其與美國市場，公司把與其他證券市場無關且對美國人而言難以理解的兩個市場交付給他。但是進入二十一世紀後，三星電子和現代汽車等企業開始擁有全球競爭力，內需市場也變得活絡，韓國股市有一段時間充滿了和新世界、愛茉莉太平洋一樣擁有優秀商業

模式的「好公司、好股票」。

　　身為散戶要選擇哪一種股票才明智呢？答案是長期持有「好公司、好股票」並分散投資。如果具有經驗且願意承擔風險的話，也可以尋找「從壞公司搖身成為好公司」的第二個起亞汽車。

別太相信分析師推薦的股票

　　分析師推薦的股票結果經常不太好。他們雖然可以區分出好公司與壞公司，但是在分辨好股票與壞股票的訓練上卻不太夠。但即便分析師推薦的股票表現不佳，只要在市場上具有影響力，對他們在證券公司的考核依然不會被扣分。

　　分析師會傾向將自己負責的企業評價為好公司，忽略掉好公司的股價如果過度上漲也可能成為「好公司、壞股票」的事實。蘋果的股價如果超過 150 美元，最短一年內都可能是「好公司、壞股票」，超過 12 萬韓元的三星電子也一樣。高盛專務羅德・霍爾（Rod Hall）分析師在 2020 年 4 月 14 日蘋果股價落在 72 美元的時候，就急著建議投資人出場。他說：「蘋果雖然是優良的 IT 企業，但是股價在短期內飆漲，利多新聞都已反映在股價上，日後一年內蘋果的股價可能會走跌」，但後來蘋果的股價卻上漲了 80％以上。

　　假設某位分析師推薦投資人買進（buy），那麼十二個月內包含現金股利在內的預估股東總回報率至少也要達到 10％以上吧？投資人承擔著投資本金可能減少的風險，每年至少也要有 10％ 的預估報酬率再投資，不是嗎？如果預估報酬率為 0 至 10％ 就持有（hold）股票，雖然領到股息，當股價下跌發生虧損時還是會賣出（sell）。

現在大部分的分析師還是推薦投資人買進大韓航空，我很想問他們是不是有站在股東的立場，用因為有償配股而受到稀釋的股東價值來計算總回報率。韓國分析師大部分都會推薦進場，只需要參考就好，不值得完全採信。

當企業收益復甦時，分析師並不會充滿自信上調目標價，而是傾向觀察市場情況進行微調。反之，他們在利潤週期被打斷的時候也不會果斷下調，而是會慢慢調整，分成多次降低利潤預估值和目標價格。如果單純只相信分析師，很可能會錯過好的投資機會，或是沒能即時賣掉股票。三星電子的利潤 2019 年觸底後開始走揚，2020 年分析師們一直在持續微調利潤與目標價格。

一項美國股市調查指出，90％的股票十二個月內的價格不是上漲就是下跌，很少有持平情況。推薦「持有」的時候，分析師心裡大都在吶喊著「賣出」。當分析師要與自己負責的企業（特別是大公司）對抗時，他們會感受到壓力，而證券公司的經營團隊也不希望因為分析師推薦投資人賣出股票而受到輿論關注。

1996 年我擔任東方佩雷格林證券研究中心主任的時候，有一位負責浦項鋼鐵的英國分析師，他因為推薦投資人出場而被冠上「誹謗」，被禁止拜訪浦項鋼鐵長達一年以上，他因為韓國的現實感到挫折，最後請調至印尼的分公司。令人意外的是，CEO 或 CFO 中有許多人不懂股票市場原理。當分析師推薦投資人出場，他們便認為這是分析師在指責自己。這個現象不僅在韓國，在華爾街也經常發生。

股票市場上對股價最敏感而且最能抓到方向的群體是避險基金經理人，接下來是共同基金、年金經理人。證券公司分析師對股價走勢相對遲鈍，其中最緩慢的群體就是經濟學家，其中又以官方經濟學家最為遲鈍。

韓國銀行或 IMF 修改未來經濟預測的時間點，金融市場上早已反映出

基本面的變化，這項修改僅有確認市場期待值的意義而已。

預測三星電子股價的方法

　　三星電子雖然是「好公司、好股票」，但是半導體與 IT 硬體的利潤對景氣非常敏感，波動非常大。隨著超大差距所呈現的產業領導能力越來越強，三星電子的特點是過去十年來報酬率的低點與高點都有所提升。

　　從營業利潤走勢上我們可以看到 2011 年（9.8 ％）、2014 年（12.1%）、2019 年（12.1%）是週期的低點，每個週期的高點分別是 2013 年（16.1%）、2018 年（24.2%）。2019 年觸底之後又開始一次新的週期，根據證券公司預估平均值指出，利潤改善將持續到 2022 年，這也是三星電

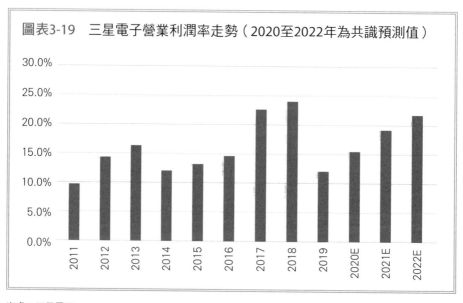

圖表3-19　三星電子營業利潤率走勢（2020至2022年為共識預測值）

出處：三星電子

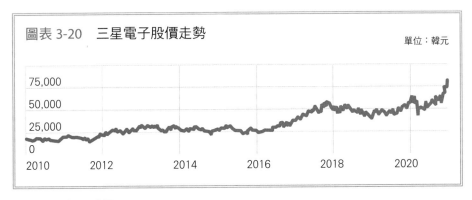

圖表 3-20　三星電子股價走勢

單位：韓元

出處：三星電子 IR 官網

子的股價在 2020 年底突破 8 萬韓元的原因。

觀察長期利潤週期

　　三星電子的股價會跟隨長期利潤週期波動，在利潤轉折點附近股價會先行反應。讓我們回顧上一次的循環。2018 年營業利潤率達到巔峰的前幾個月，2017 年 11 月股價就已經達到 5 萬 7,000 韓元高點後進入盤整。2019 年初股價碰觸到低點 3 萬 7,450 韓元後開始上漲，事實上，三星電子的經營成果也在 2019 年觸底。

一到兩年後，三星電子的股價會受到兩大變數左右

　　三星電子的股價未來可否突破 10 萬、12 萬韓元，關鍵就在於兩大變數上。第一點，營業利潤率高點什麼時候出現？第二點，這個時候的最高報酬率是多少？

　　最近股價突破 9 萬韓元後會開始波動，接下來的十二到十八個月內會持

續探索這次週期的高點，所有的分析師都預估三星電子利潤改善將持續到 2022 年。雖然分析師預測值只提供到 2022 年為止，但是若套用過去週期的話，大概 2022 或 2023 年將會出現收益高點。

週期進入改善期時，分析師通常會謹慎以對，預估偏向保守。假設 2018 年三星電子可以重現 24% 的最高利潤的話，2022 年的營業利潤將達到 70 兆韓元，是 2020 年營業利潤的兩倍。上一個週期股價高點為 5 萬 7,000 韓元（以 2017 年 11 月為基準），是隔年 2018 最高每股盈餘的九倍本益比。

考慮到近期的低利率、利潤變動放緩、公司治理部分改善，若套用比過去更高的十二至十五倍本益比最高股票評價（peak stock valuation），再乘上 2022 年的每股盈餘的話，預估股價將落在 9 萬 3,600 至 11 萬 7,000 韓元之間。

計算本次週期股價高點的方法

先看到以下五點假設

- 假設一：經過 2019 年利潤週期低點，三四年後（2022 至 2023 年）將會是本次週期的高點（分析師共識）。
- 假設二：上一個週期的股價高點出現在 2017 年，是 2018 年營業利潤達到高峰的前一年。如果套用相同利潤的話，本次週期的股價高點預測會出現在 2021 至 2022 年。
- 假設三：共識預測 2022 年營業利潤率為 21.4%（2020 年利潤率為 15.5%）。
- 假設四：週期恢復時，分析師經常會趨於保守。如果將 2018 年 24%

的最高營業利潤率套用在本次週期的最高利潤率（peak margin）之上，2022 年預估營業利潤為 70 兆韓元（2018 年營業利潤為 59 兆韓元）。

- 假設五：2022 年最高週期每股盈餘預估值 7,800 韓元適用於十二至十五倍的本益比，因此週期目標價如下：

每股盈餘預估值 7,800 韓元×12～15倍＝9 萬 3,600～11 萬 7,000 韓元

─知識補給─

1990 年代曾左右韓國股市的老虎基金

老虎基金 1990 年代在韓國股市是令人尊敬又畏懼的存在。韓國幾乎沒有人見過老虎基金相關人士，用一句話形容，它就是像是蓋著一層面紗的神秘存在。當財經新聞上出現老虎基金進場哪支股票的報導，隔天通常就會創下漲停板。

1992 年韓國股票市場向海外投資人開放後，老虎基金持續買進，並且針對一部分股票集中買進，扮演著韓國股市的主體，二十幾年前老虎基金就站在股市的中心。

1980 年由羅伯遜會長在美國成立的老虎基金，跟索羅斯基金一起被視為是避險基金的兩座大山。索羅斯基金採取投資利率、匯率等全球宏觀（global macro）策略，而老虎基金以基本面分析為主，採取股票多空對沖（equity long-short）策略，主要買進被低估的股票再賣空被高估的股票。

全盛時期的老虎基金報酬率非常驚人。《紐約時報》暢銷著作《富可敵國：避險基金與新菁英的崛起》（*More Money Than God : Hedge Funds and the Making New Elite*）指出，老虎基金從 1980 年 5 月成立後，到 1998 年 8 月為止，扣除掉各種手續費後，每年有 32% 的報酬率。

在韓國股市上取得佳績，對韓國特別關心的羅伯遜會長，1997 年還為了企業走訪親自到訪韓國。這時是亞洲金融風暴的前一年，當時投資韓國為老虎基金賺進鉅額報酬的麥克瑞利已經離職，是由其他人接手擔任韓國區負責人。

　　當時老虎基金持有大量韓國損害保險公司的股份。羅伯遜會長在首爾與損害保險公司 CEO 們的面談上才發現，這些公司並不像韓國移動通訊、浦項鋼鐵一樣是被低估的優良企業，他們正在集中投資像大宇集團一樣的經營不善的企業，對此他非常震驚。我還記得面談結束之後，老虎基金將韓國損害保險公司的股票全數拋售。

老虎基金如何創下如此高的收益

　　以下是老虎基金在韓國投資最活躍的 1990 年代初期，由負責韓國區的麥克瑞利為韓國投資人親筆撰寫的文章，我們很少有機會能夠直接聽到證市開放後扮演韓國核心要角之海外投資人的親口陳述，這篇文章也能帶領我們了解全球避險基金的投資策略。

　　　1991 年底，我第一次到訪韓國。當時，我在老虎基金的紐約總部中，以二十四歲的年紀擔任投資分析師。聽到韓國股票市場即將開放的消息，我說服創辦人羅伯遜會長，決定花幾週的時間拜訪韓國這個隱士之國（Hermit Kingdom），目的是要研究以先進國家觀點難以理解之低價所形成的韓國股價。

　　　當時包含熱情的李南雨分析師在內，我受到多位當地專家的幫助，走訪了無數家韓國企業，建立了以現金流為中心的企業收益預估模型。「KISS（keep it simple stupid）原則」是老虎基金的投資原則，我們是調查基本面，以股票多空對沖策略為主操作的避險基金。

　　　我們認為以經營成果為基準，可以將韓國企業分類為「好公

司」與「壞公司」，並以股票估價為基準，分成「低估公司」
（good valuation）與「高估公司」（bad valuation）。在這四種組合
之中，老虎基金會做多（long）被低估的好公司（good companies at
good valuations），並做空（short）被高估的壞公司（bad companies
at bad valuations）。

　　1990年代初期韓國股票的走勢非常有衝擊性，因為所有上市公
司都發行5,000韓元面額的股票，韓國投資人都以股價作為絕對標
準進行投資判斷，結果導致被低估的「好公司」股價上漲到10萬
韓元，而「壞公司」的面額則總是會下跌至5,000韓元。套用這個
股票估價框架的話，時間越久「好公司」會漸漸更被低估，而「壞
公司」會漸漸更被高估。對於老虎基金而言，韓國股市是一個只要
選好標的，就可以賺進高額報酬的樂園。

　　「好公司」的利潤每年都在激增，也不需要進行有償配股，股
價雖然停滯在9萬韓元，但如果每股盈餘上漲到4萬5,000韓元，
就等於「好公司」的本益比整整有兩倍之多！反之，「壞公司」的
淨利規模減縮（由於資金不足）所以持續增資，隨著股票被稀釋，
每股盈餘下跌至50韓元，「壞公司」的股價就算跌落至4,000韓
元，本益比也高達整整八十倍！

　　1990年代在韓國要做空很難，所以老虎基金主要集中買進被低
估的韓國股票。1992年韓國股市向外國人開放的時候，我認為老
虎基金應該是外資當中投入資金規模最大的。我們集中買進韓國移
動通訊、現代摩比斯、安國火災等基本面優良、但是以國際標準來
看被低估的企業。

　　身為二十四歲分析師的我，將老虎基金的「KISS原則」套用在

韓國證券市場上。我認為當外國人開始熟知韓國股市並擴大市場參與的話，本益比或 EV/EBITDA 這類的傳統股價評估方式將會取代當時韓國投資人所使用的股價絕對值，變得更加普及化。

外國人當時很喜歡被低估的韓國股市，持續做多的結果導致外國人持股比率從 0 上漲至 40％。我在投資韓國的過程中，學到了很多。

第一點，如果想要有優秀的業績，光靠自己的努力很難達成。我認為當時李南雨分析師等專家的幫忙非常關鍵。

第二點，我們需要具備把投資案件單純化的能力。當時我堅守以便宜價買進「好公司」與「壞公司」高價做空的原則，不花心思在不適用於這個條件之上的公司。證券市場的基本面是相通的。

最後，不管哪個市場都一樣，股票市場也是由邊際買家（marginal buyer）決定價格。觀察股市供需，了解股市環境有無劇烈變化非常重要。

老虎基金 1990 年代在韓國證券市場上以精簡的投資組合獲取了高額收益，推算他們在浦項鋼鐵（現 POSCO）、東國製鋼等鋼鐵公司現金流與交易價落在一至二倍本益比的時期集中進場，賺取了大把收益。這個故事帶給我們很大的啟示，讓我們知道為什麼對產業的了解和系統化的基本面分析非常重要。另外一位在老虎基金工作的同仁也曾經說過下列這段話：

「我們投資國民銀行的時候，徹底分析並仔細觀察了銀行的業務。特別是我們為了防止股票投資決策錯誤，努力地盡可能完整了解風險因素。我敢說，當我們完成分析的時候，比銀行的 CEO 或外部理事更了解銀行的未來及風險」。

高風險的金融、穩定的必需消費品

某天突然消失的企業

過去十五年來，S&P500 成分股裡的五百大企業中，有 52% 的企業消失了。雖然其中包含了因為被併購的情況，但大部分是因為落入喪失競爭力、收益惡化、總市值銳減的惡性循環而慘遭淘汰。具有出眾新技術作為武器的公司，上市後試圖擠進 S&P500 指數，過去企業中總市值較低的企業們大量遭到淘汰。特斯拉 2020 年 12 月才被納入 S&P500 指數，相對的，有一家公司被擠出了 S&P500 指數的榜外。

1960 年被納入 S&P500 指數的企業，平均可以在榜上蟬聯六十一年，但現在卻只能撐十七年[5]。美國專業大數據分析公司 CB Insights 形容這個現象是「『慢慢地，卻突然有一天』產品或服務的存在感蕩然無存，追趕不上數位化導致股票暴跌」。

正在急遽發生這種變化的產業，就是金融業。世界五百大金融機構、FinTech 公司、支付公司的合計總市值中，FinTech 公司的比重為 10%，支付公司佔比高達 20%。金融業是以政府執照作為武器，入門壁壘較高的管制型產業。但是信用卡公司以 IT 技術為基礎，摧毀了原本屬於銀行的領域。

世界最大信用卡公司 VISA 的總市值為 4,727 億美元，壓倒性勝過全

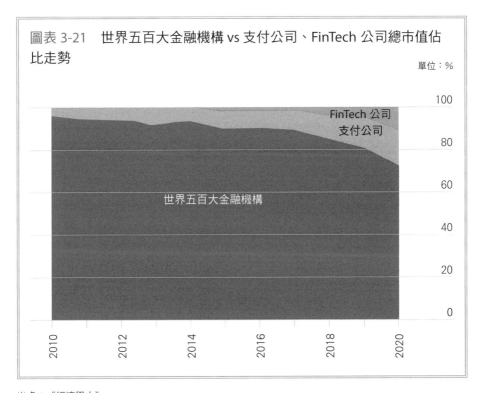

圖表 3-21　世界五百大金融機構 vs 支付公司、FinTech 公司總市值佔比走勢

單位：%

出處：《經濟學人》

球最大銀行摩根大通的 3,818 億美元。第二大信用卡公司 Master Card 也以 3,545 億美元勝過美國銀行總市值 2,636 億美元，PayPal 則是 2,836 億美元。反觀，花旗銀行的總市值卻僅有 1,272 億美元。

　　隨著這種趨勢加速化，傳統銀行的立足之地越來越小。以顧客數據和雲端基數為基礎，在韓國 NAVER 與 Kakao，海外除了 FinTech 公司以外還有 Amazon 和 Facebook 等科技巨擘，都在蠶食著金融市場。

　　我這三十年來工作的九家金融機構中，只剩下三家還在，分別為摩根大通、日本最大證券公司野村集團、韓國三星證券。大宇證券、東方佩雷格林

證券、Lee Capital（我在韓國與新加坡成立的避險基金營運公司）、美林證券等都已走入歷史，這些當時最強大的企業最後不是賣出就是倒閉。

其中我印象最深刻的是 1997 年，海外股票業務第一大合作公司東方佩雷格林證券因為亞洲金融風暴而關門大吉，韓國境內股東新東方（前身為東方油亮）與海外股東香港佩雷格林證券（Peregrine Securities）都在同一年倒閉，連當時新東方集團正試圖想併購的韓國境內首屈一指的百貨公司美都波和大農都相繼倒閉。

這些都是因為過度借款開槓桿投資後風險管理失敗，而且在沒有深入了解產業的情況下輕易進場所導致，而股票市場也是同樣的道理。

決定好目標價並觀察五大風險

韓國散戶和外資最大的差別就在於面對風險管理的態度。外資會徹底分析風險，避險基金會利用做空或衍生性金融產品，找尋規避或縮小風險的方法。在選擇投資標的的時候，養成決定好一年、三年後的目標價格並觀察五大風險的習慣，就可以減少失誤。

美國避險基金某位代表在 2000 年代初期拜訪韓國的時候曾說道：「我們在投資的時候也會期待股價上漲，但是也經常考慮到不好的情況。在進行財務分析的時候，其他投資人把重點放在損益表或現金流量表，但我們以資產負債表為重」。這段話代表財務結構穩定的企業，就算發生意外的變數，股價暴跌的幅度也不大，因此他們選擇集中分析資產負債表。不過 99％的投資人與分析師都認為自己投資（分析）的股票一定會漲，所以側重在損益表上。

股市喜歡風險較小的企業，風險大的企業在股票估價時會被貶低。擁有

超過百年歷史的摩根大通這類先進國家銀行，股票交易時就會比新韓控股這種韓國金融控股公司獲得更多溢價。此外，LG 健康生活這類的必需消費品企業交易時的本益比也會高於現代汽車這類的汽車公司。

對景氣較不敏感的必需消費品、健康照護／製藥、通訊媒體企業，大致上來說風險較小。反之，跟景氣相關的消費品、機械、航空、鋼鐵、硫化物、煉油、IT、金融等產業會大量受到景氣影響，利潤的變動較為劇烈。各位一定要熟記下列五項風險管理原則：

- 不管再穩定的股票都有風險。
- 就算是認識很久的分析師或營業員所推薦的股票，也要親自確認基本面。
- 要養成比較股價上漲因素與下跌因素的習慣。
- 要經常質疑「有沒有我沒想到的變數？」。
- 持續確認公司治理、經營策略、會計透明性、預估收益、產業循環等風險事項。

不要和自己持有的股票談戀愛

不管證券公司經理人或分析師再怎麼「打包票」的股票也一定都有風險。蘋果每天在那斯達克市場交易的股票超過百億美元，這代表像蘋果這種對股東友善且製造優質產品的好公司，股東們每天還是會賣出一億股以上，原因就在於每個投資人所認為的蘋果股價上漲與下跌因素不盡相同。所以說，市場雖然很難懂，但卻也很有趣。

調查自己有興趣的股票時，養成比較三個上漲因素與五個下跌因素的習

慣很重要。國外的投資業界建議我們要養成隨時擔心「有沒有哪個環節可能出錯」（What could go wrong?）的習慣。風險可能來自於公司治理、經營團隊、持有所有權的家族內部問題等直接因素，也有可能來自於產業循環、企業利潤等量化因素。我的一位友人，第一天到英國資產管理公司的倫敦總公司上班時，上司告訴他的第一句話就是「不要和自己持有的股票談戀愛」（Don't fall in love with your company）。人類並不太理性，在進行投資時應該要合理判斷，但是人類會以自己所獲得的資訊作為中心，傾向於用自己想相信的部分作為判斷依據。就算是受過高度訓練的第一線資產管理公司的基金經理，也會受到心理層面的誘惑。更何況散戶投資人在面對像生技領域這種具有大量利益可圖的標的，就算成功機率不高，也企圖要投資。

　　我們應該要擔心像股價從高點下滑90％的SillaJen這種歷史較短且治理有問題的公司，一旦市場開始失去對它的信任，最糟糕的情況可能會賠上所有的投資本金。但是人類並不明智，首次投資的時候，就算賺到的利潤不高，也會產生想二次投資的欲望。反覆投資一樣的股票或相似的企業，提升的不是對於基本面的理解，反而是會低估可能虧損的機率。雖然這麼說有點矛盾，但是反覆投資的投資人，最後可能會成為更大的受害者[6]。

—— 知識補給 ——

平台企業的股價是泡沫嗎？

　　平台企業股價大幅上漲引發許多人的擔憂，但是 FAAANM（Facebook、蘋果、Amazon、Alphabet、Netflix、Microsoft）的利潤在 2008 年以後增加了六倍之多。科技巨擘的前景依然光明，在低利率之下比較股票和債券價值，我認為平台企業的股價並非泡沫。如果利潤每年持續增加 15 至 20％以上的話，像科技巨擘本益比一樣的股票水準並沒有問題。應該可以說，目前的爆發收益性本身在產業歷史上屬於不正常的狀態。

　　最近全球經濟的兩大特徵是，產業集中化與 IT 領域中的中美脫鉤趨勢。OECD 的研究指出，2000 至 2014 年所有產業前八大企業的市佔率，在美國從 28％上升至 36％，在歐洲也從 33％上漲至 37％。

　　這種現象在過去五年內又更加明顯，幾家一枝獨秀的企業非常亮眼，其中經常登場的就是科技巨擘們的大名。隨著平台企業壟斷現象加劇，競爭減少，上層獵食者的利潤便有所增加。就像美國法務部起訴的內容一樣，科技巨擘以龐大的總市值作為武器，針對具有潛力的企業或潛在的競爭公司，以發行自家股票的方式取代現金，作為支付併購的費用。

Facebook 優秀的商業模式

　　Facebook 是百分之百應用全球化、技術發展、網路效應創造出高收益的代表性案例。在短短三四年前 Facebook 的營業利潤率就高達 50％，但

是隨著美國與歐洲加強使用者數據保護政策，並採取徵收罰鍰等方式牽制 Facebook 的壟斷性地位，隨之而來大量產生的費用、設備投資和研發費用的激增，Facebook 2019 年與 2020 年的營業利潤率下跌至 34%，但是它在收益性方面仍然獨佔鰲頭。

　　Facebook 的高營業報酬率證明了其商業模式的優越性。Facebook 在商業模型上，幾乎沒有投入原物料費用，當二十七億用戶在 Facebook、Instagram、Messanger、WhatsApp 上為朋友的圖片點「讚」或是上傳文章的時候，Facebook 就會收集用戶的個人資訊，以此為基礎，讓廣告主能夠執行有效的廣告投放，這等同於我們所提供的各種資訊，對 Facebook 而言都會成為他們的原物料。

　　Facebook 2020 年上半年的業績，包含原物料費用在內的銷貨成本（73 億美元）比研發的費用（85 億美元）還低。銷貨成本中不僅包含了工程師的人事費用，還包含了其他各種費用，但是佔比銷售額的比重卻連 20% 都不到。

主要企業的五大風險

第一代 IT 企業要注意關鍵人物風險

　　美國上市公司有義務要提供金融當局被稱為〈10-K〉的年報。韓國方面，有金融監督院所經營的電子公告系統 DART（http://dart.fss.or.kr）上，也可以找到上市公司的財務報表、公告等各種資訊。

　　在美國上市公司的 IR 官網（例如只要在 Google 上搜尋「蘋果 IR」就可以找得到）的〈10-K〉檔案上，前面就可以看到整理得非常詳細的企業風險因素（risk factors），這對投資人而言是非常重要的資訊。閱讀〈10-K〉中風險因素的頁面時，就可以知道他們非常強調成功的第一代 IT 企業所具有的關鍵人物風險。Amazon、Facebook、特斯拉等公司的創業者或最大股東都同時扮演著 CEO 的角色，同時深度參與企業策略、併購、核心人力雇用等經營事務。

　　蘋果、微軟、Alphabet 已經進入專業經理人體制的科技巨擘中，依然存在著關鍵人物風險。特別是像蘋果的庫克一樣，若是 CEO 受到股東喜愛，就會加重風險。特斯拉依賴 CEO 的情況過於嚴重，萬一馬斯克的健康亮紅燈，甚至可能會使公司岌岌可危。賈伯斯生前蘋果的關鍵人物風險也很高，但當時蘋果日常管理事務都已經轉交身為公司第二把交椅的庫克，賈伯斯過世之後，庫克反轉市場的擔憂，反而發揮了振興蘋果的經營手腕。

　　以特斯拉為首，我整理了美國與韓國標誌企業的五大風險。這些（包含

順序在內）都是我個人的想法，當然可能與各位看見的風險有所差異。

特斯拉的五大風險

- 散戶比重過高與高本益比所帶來的股價劇烈變化。
- 伊隆‧馬斯克的關鍵人物風險。
- 全球擴充電動車充電設備、改善電池性能、價格下跌的停滯。
- 軟體在創造自動駕駛等長期成長動能上失敗。
- 福斯、現代汽車、戴姆勒、通用汽車等燃油車企業進軍電動車市場使競爭加劇。

散戶比重過高與高股價的變動性

　　據說特斯拉的持股中，1％以上是由韓國投資人所持有。美國散戶愛用的網路券商「羅賓漢」（Robinhood）據說也有六十萬以上的特斯拉股東。電動車是全球汽車市場的趨勢，而特斯拉現在具有壓倒性的領導力。不久之前華爾街還指出特斯拉的軟體開發能力、系統營運技巧、電池技術一直以來都被低估。

　　電動車無線更新、透過 OTA（over-the-air）實現遠距更新行駛距離、電池、自動駕駛性能管理等服務是特斯拉互聯汽車的開端，特斯拉車主感覺這台車不是機器而是電腦的原因，不正是因為 OTA 嗎？特斯拉的隱藏價值在於它利用軟體創造長期成長動能，以及架構出結合軟體的平台模組。

　　特斯拉目前的股價，已經反映出十年或甚至更久之後，電動車的市場與特斯拉的主導地位。特斯拉 2021 年預估收益本益比為一百六十倍，數字已

沒有太大意義，而 2022 年的本益比預估約一百二十倍。

馬斯克表示：「2027 年預估全球電動車每年生產量為三千萬台，2030 年特斯拉將每年生產兩千萬台電動車」，讓人不禁感覺這個展望是否太操之過急。電動車的普及可能要到 2025 年之後才會加速。電動車 2020 年僅售出 300 萬輛，佔汽車總需求的 3%。

特斯拉一兩年後的股價並不重要，重要的是未來的預估。老實說，沒有人知道特斯拉的合理股價到底是多少，甚至連華爾街的領頭投資銀行摩根大通和高盛所研究出來的目標股價都有九倍的落差。高盛的汽車分析師 2020 年 12 月的時候才推薦投資人「買進」，將目標股價從 455 美元上調至 780 美元。反之，摩根大通在最近發表的報告中指出，「特斯拉的股價用所有的傳統指標估算時，都處於被高估的狀態」，並提出日後十二個月的目標股價為 90 美元。

伊隆・馬斯克

關於馬斯克的關鍵人物風險，特斯拉在〈10-K〉的表述如下：「當時身為最大股東兼 CEO 的伊隆・馬斯克角色至關重要，馬斯克雖然把大部分的時間都花費在經營之上，但是並沒有花費自身 100％的時間與關注在特斯拉上。他同時兼任太空開發企業 SpaceX 的 CEO 與 CTO，也有參與其他尖端風險企業的經營」[7]。

馬斯克是天才經營者，他不會安於現狀，不斷挑戰新的領域。雖然這件事不會立刻發生，但是特斯拉的股東應該要擔心的劇情是，特斯拉如果上了一定軌道後，馬斯克就會出售特斯拉的持股，專注於 SpaceX 的事業上。

SpaceX 是唯一能夠將發射到太空的火箭回收再利用的民間企業，正在著

手準備太空貨物輸送和通信網架構等事業。馬斯克從以前就有著移民火星的夢想，「抬頭看看天空吧」，馬斯克和已故天才物理學家史蒂芬・霍金（Stephen Hawking）曾說過類似的話。

馬斯克總會不斷尋找下一個未知的事物。他成功建立企業後，會將持股賣給第三方，再拿著這筆錢去投資下一個項目。2020 年特斯拉的股價飆漲，馬斯克的財產約有 75％是特斯拉股票。彭博指出，馬斯克的財產中SpaceX 的持股比重約為 19％。

馬斯克與特斯拉就像是搭在同一條船上一樣，共享許多經濟上的利益，因此馬斯克也可能不會下船。再者，馬斯克幾年前所拿到的選擇權，經濟價值非高，其中條款規定若馬斯克辭職的話將無法領取，所以馬斯克也很可能不會太早下船。

電動車充電設備、電池性能、電池價格

華爾街專家預估，2030 年電動車將佔比全球汽車市場 20 至 30％，摩根士丹利甚至預估比重將高達 31％[8]。由於是十年後的事，變數非常多，但這些都是與特斯拉的意志力毫無相關的外部變數。

最近英國政府制定從 2030 年開始將禁止銷售汽車和柴油車的新車銷售計畫，這對電動車的普及而言是好消息。但是若沒有擴充電動車充電設施、改善電池性能與調降單價等創新的變化，電動車普及的速度仍然會很遲緩，這些都不是靠一間公司的意志力可以解決的變數。

韓國在政府的鼓勵下，已經有十三萬台電動車與氫燃料汽車，但是充電設備卻嚴重不足。現實情況是電動車車主四處找尋充電站，還要在耗時五小時以上的慢速充電設備上浪費時間。Model S 在特斯拉專用的超級充電站，

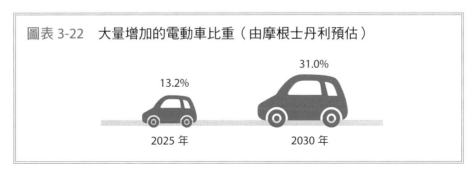

圖表 3-22　大量增加的電動車比重（由摩根士丹利預估）

13.2%　2025 年

31.0%　2030 年

* 以純電動車為主

出處：韓國財經新聞

一小時就可以免費充電三百七十至四百七十公里。

　　韓國電動車充電站只有三萬三千個，只達到美國的 1.4％、中國的 0.7％，以及日本的 10.5％。文在寅政府在綠色新政的名義下，宣布 2025 年以前韓國電動車數量將達到一百一十三萬台、氫燃料汽車二十萬台，但我很好奇基礎設備的建設計畫為何[9]。如果充電不易，電動車的普及將會面臨阻礙。美國大部分人都住在獨棟住宅，在車庫安裝充電設備很容易，但即便如此，美國也因為電動車充電基礎設備建設問題引發爭議。韓國、日本、中國大城市的民眾大部分住在大樓住宅裡，究竟政府要如何解決大城市的充電問題呢？

燃油車業者進軍電動車市場

　　隨著福斯、戴姆勒、賓士、現代汽車、通用汽車、Toyota 等燃油車生產經驗豐富的汽車公司從 2021 年開始大量推出電動車款，競爭將越來越激烈。傳統的汽車公司也有可能成功量產出具有價格競爭力的電動車。

蘋果的五大風險

- 股價高於成長潛力（2021 年的本益比為三十三倍），使股價動能減弱。

- 美國新政府上台後限制風險增加：App Store 相關「不公平交易」的壓力。

- 中美關係惡化可能打擊中國銷售量。

- 總市值過大，現有的股東回報計畫可能無法滿足股價。

- 零件供給網從中國轉移至越南的多元化過程中可能會發生問題。

低利潤成長動能

日後兩三年內蘋果的每股盈餘成長率可能落在 10 至 15％，但是 2020 年股價大幅上漲，本益比已將高達三十倍以上，可能會為蘋果帶來壓力。如果沒有明顯像推出以自動駕駛為目標的蘋果 Car 等新事業的動能產生，蘋果可能會成為科技巨擘中股價上漲潛力較低的企業。

庫克以蘋果在結合硬體、軟體與服務上具有卓越能力而引以自豪。在創新方面，庫克強調利用穿戴型裝置進行健康管理的成長潛力，雖然這部分在韓國政府的規範下難以擴張，但是在海外的健康照護上擁有強大的潛力。2020 年全球的智慧型手機市場雖然呈現逆成長，但是智慧型手錶、無線耳機等穿戴型機器的市場卻大幅擴張。在 Apple Watch 上加強健康照護功能，就是為了創造新的成長動能，蘋果在健康照護方面的專利數增加也非常引人注意。

中美關係惡化導致中國銷售量下滑

　　短短兩年前，2019 年初的時候，蘋果還是投資者最避之唯恐不及的藍籌股。當時蘋果的股價下跌到 40 美元，隨著中美關係的拉扯，iPhone 的中國銷售量受到打擊，結果導致季度銷售額令人出乎意料，使市場對於蘋果的長期成長潛力半信半疑。根據中美關係，蘋果日後在中國的銷售可能會再度受到打擊。

股東滿意度有限

　　庫克的知名度雖然不及賈伯斯或 Amazon 的貝佐斯，但是從 2011 年 8 月庫克接手 CEO 以來，至今蘋果的股價已經上漲超過 700％。庫克的管理能力非常優秀，也很了解股東價值，早在八九年前就建立了股東回報計畫。庫克與最大股東巴菲特之間溝通順暢，在激進投資者卡爾・伊坎與大衛・安宏批評蘋果持有過多現金且配息政策消極的時候，庫克也透過與他們的對話，讓我們看見他解決問題的能力。

　　蘋果在總市值數千億美元的時候，可以透過買進並註銷庫藏股與配息的方式滿足股東，但是現在的總市值已經過大，現有的股東回報計畫對股價產生的正面效應有限。

Amazon 的五大風險

- 美國、歐盟等國開始強化對壟斷性企業的規範。
- 擴大投資所帶來的利潤率壓力（預估 2021 ／ 2022 年設備投資將高達 276 億美元／ 280 億美元）。
- 高股價（2021 年預估收益推測之本期比為六十七倍）所帶來的股價

變動加劇。
- 由 AWS 主導的雲端事業中，與微軟、Google 的競爭加劇。
- 傑夫‧貝佐斯的關鍵人物風險。

強化規範的趨勢

在雲端與電商佔有壓倒性地位的 Amazon，在運用大量顧客數據、AI、機器學習的方面具有卓越的能力。Amazon 的商業模式是銷售、提供價格低廉的產品及服務給消費者與企業。

美國拜登新政府上台後，開始強化對這種壟斷性行為的規範，但是 Amazon 的限制風險低於 Google 或 Facebook 等其他科技巨擘。美國議會與行政院大致上都認為，Amazon 拓展了消費者的選擇範圍，在穩定物價上帶來了貢獻。

股價變動性加劇

Amazon 的本益比雖然高，但是雲端、電商、廣告等全部事業部門都還處於成長的初期階段，預估往後五到十年 Amazon 會是科技巨擘中成長能力最強的企業。雖然股價看似昂貴，實際上風險卻是科技巨擘中最低的。不過為了維持成長，設備與研發投資壓力也是科技巨擘中最沉重的，這也造成了 Amazon 在短期收益方面上的壓力。

微軟、Google 的競爭加劇

AWS 佔 Amazon 企業價值一半以上，不僅損益貢獻度最高，光是營業利潤率就高達 30％。雲端市場上，AWS 以 33％市佔率位居第一，目前每年收益以 15 至 20％成長中。所謂的雲端是一種系統，不將文件檔案等資料和資

訊儲存在自己的電腦，而是儲存在由網路連結的伺服器（大型電腦）上[10]。

　　Amazon 早期由面向一般消費者的電商交易事業起家，AWS 原先是協助總公司業務的電腦與 IT 支援部門，後來才開始發展獨自的事業。企業若使用 AWS 的話，就可以在沒有硬體設備的情況下，經由網路使用包含 AI、物聯網等各式各樣的 IT 服務[11]。

　　華爾街預估，Amazon 借力於 AWS 的高速成長，日後五年內淨利將增加至每年 30 至 40％。但是微軟與 Google 透過大量投資，正在努力搶奪 AWS 的高市佔率，雲端市場上三家公司之間的競爭將越演越烈。

　　包含 AWS 在內，Amazon 所有的核心決策都過度依賴創辦人貝佐斯。每當要進軍新事業的時候，貝佐斯的決策就非常重要，因此關鍵人物風險很高。

Facebook 的五大風險

- 美國新政府上任使限制風險增加。
- 現金流雖然良好，但設備投資（預估數據中心、網路基礎設施等技術投資，2021 年將達到 214 億美元、2022 年達到 240 億美元）與研發費用激增。
- 不確定 Instagram 購物中心等收入多元化策略能否成功。
- 商業模式過度仰賴容易受到景氣與外部環境影響的廣告收益。
- 主要決策過度依賴祖克柏的關鍵人物風險。

美國新政府上任使限制風險增加

2020 年 12 月美國聯邦政府與四十六個州政府以妨害競爭行為起訴

Facebook。也就是要 Facebook 將為了維持壟斷性地位所收購的 Instagram 與 WhatsApp 從目前巨大的平台中剝離出來，將 Facebook 拆分成幾個小企業。

最近中小、中堅企業客戶對 Facebook 的依賴程度加劇，諷刺的是這可能會造成 Facebook 在壟斷爭議上的不利。政府對 Facebook 提出的訴訟力度之大可謂史無前例，關鍵就在於拜登政府是否會要求 Facebook 進行「企業分拆」。

為了牽制平台企業壟斷所推出的政府規範雖然具有風險，但是 Facebook 與 Amazon 是科技巨擘中中長期來說最具有股價上漲潛力的企業。全球有十八億用戶每天都會使用 Facebook 平台，最近 Facebook 正在打造 Facebook Shop–WhatsApp、Instagram DM–Messenger 之間服務連動等 Family App 生態鏈。就是以這種巨大的平台為基礎，Facebook 創造出了 35％的營業利潤率。

不過為了維持巨大的平台以及持續提高其他企業進入的壁壘（跟 Amazon 一樣），設備與研發投資負擔激增，很難再出現像過往一樣超過 40％的營業利潤率。

2020 年第三季發生了部分廣告主抵制的事件，但是廣告銷售依然優越，這證明了廣告主多元的基礎商業模式和 Facebook 平台的優越性。新冠肺炎成為契機，使所有業者開始加速數位化，Facebook 就是最具代表性的受惠者，今後五年之內每年成長 15 至 18％應該不是問題，以 2021 年預估收益計算的本益比為二十三至二十四倍，相較於長期成長潛力處於被低估的狀態。

Alphabet、Google 的五大風險

- 作為核心事業的搜尋引擎廣告成長放緩。
- 限制風險增加。
- 過度投資非核心事業與缺乏透明性。
- 商業模式過度仰賴容易受到景氣與外部環境影響的廣告收益。
- 公司治理：已經不再參與公司經營的兩位創辦人，持有整體股票 13％與 51％投票權的雙重股權制度。

成長放緩

全球知識分子熱愛閱讀的《經濟學人》，在 2020 年 8 月 1 日刊中，刊載了一篇名為〈Google──如何應對中年危機〉（Google-How to Cope with Middle Age）的報導。Google 依然是全球軟體工程師景仰的全球最大 IT 企業，但是這篇報導的宗旨在指出 Google 四處可見成長放緩後組織感到疲乏的徵兆。

今年已經二十二歲的 Google 控股公司 Alphabet，股價年增率近五年為 18％、十年內為 19％。雖然這已經是其他企業稱羨的成長指標，但由於科技巨擘都處在高成長狀態，因此 Google 在科技巨擘中僅排名第五。想到人才、數據、品牌等 Google 所擁有的大量無形資產，應該很難理解會什麼市場會懷疑它的成長潛力。十二萬名的 Google 員工都是矽谷最頂尖的菁英，美國東部與西部名校的電腦科學、數學、統計學系的學生，最想進入的職場依然是 Google，而 Google 的薪資待遇也是業界最高水準。

根據全球品牌顧問業者 Interbrand 指出，透過 Google 搜尋、Google Map、YouTube、Gmail 等平台持有大量顧客數據的 Google 品牌價值，繼蘋果、Amazon、微軟之後排名第四。

雖然其中也包含了新冠肺炎所造成的影響，但是 Alphabet 2020 年第二

圖表 3-23　FAMAG 長期股價成長率（年平均）

	Amazon	Facebook（2012 上市後）	Alphabet／Google	微軟	蘋果
五年	41%	23%	18%	32%	41%
十年	34%	31%	19%	23%	26%

季的銷售額，史上第一次與前期相較出現減少（下半季恢復）。Google 的核心事業是全球市佔率 90％的搜尋引擎廣告，但是市場成長停滯，雖然作為新啟動的雲端事業正在高速成長，但是對整體公司的貢獻度依然不高。包含自動駕駛事業 Waymo 在內，Alphabet 旗下有著多項非核心事業，雖然雇用高級人才且每年投入大量資金，但是對企業價值的貢獻度卻微乎其微。透明性方面也有問題，關於子公司的業績，Google 以超長期專案為由不向外部股東公開，成為股價折價的主要因素之一。

　　包含人數大於正職的兼職員工在內，員工人數超過二十五萬人的 Google 成為 IT 巨獸，變得擁腫不堪。也有專家站出來指責 2019 年升遷成為 CEO 之桑達‧皮采（Sundar Pichai）的領導能力，他們批評皮采無法像 Amazon 的貝佐斯和微軟的納德拉一樣，引領出重視創新的企業文化，下達決策時也不夠果斷。

限制風險增加

　　美國法務部 2020 年 10 月以有違反壟斷法之嫌起訴 Google 的控股公司 Alphabet。法務部的起訴狀上寫道：「Google 提供數十億美元給像蘋果一樣的智慧型手機製造公司和通訊公司，在事前就將自家 app 安裝在智慧型手機之上，阻止其他競爭者進入市場」。法務部判斷，Google 透過 Android 操作

系統掌握了 90％以上的全球搜尋引擎市場，並以此作為武器操控整個線上廣告市場。2020 年 10 月美國政府雖然沒有明示要與 Google 討論「企業分拆」，但是拜登政府很可能加強對 Google 的施壓。

Google 與 Facebook 等科技巨擘的影響力已經超出了政府的可控範圍，因此各國政府也開始對此展開反擊。歐盟（EU）在 2018 年就以濫用市場主導地位之嫌疑重罰 Google 43.4 億歐元（約 50 億美元），此外以法國、義大利、英國等國為首，威脅 Google 將徵收每年最高達銷售額 6％的數位稅（又稱 Google 稅）。數位稅的爭議，起源於歐盟意識到美國全球 IT 企業並沒有向商業活動實際發生的國家盡到繳納稅金的義務。

公司治理

並不是美國企業就一定有良好的公司治理。特斯拉的股東每年都會經歷一兩次因為馬斯克突如其來的舉動，造成股價一天之內出現 10％以上的漲跌幅。

有越來越多矽谷 IT 企業引進雙重股權制度。科技巨擘中 Alphabet 與 Facebook 採用賦予創辦人、家族與特殊關係人一股具有十倍表決權的雙重股權制度。祖克柏擁有 60％的 Facebook 表決權。2017 年在美國上市的 Snap 普通股幾乎沒有表決權。

Alphabet 的共同創辦人賴利・佩吉（Larry Page）與謝爾蓋・布林（Sergey Brin）擁有整體流通股數 13％的持股，但是表決權卻整整佔了 51％。當他們參與經營提高企業價值的時候，公司治理的問題沒有浮出檯面，但是現在他們放手不參與經營後，少數股東的權利便受到侵害。

Google 有三種股票，其中兩種已經上市。A 型的 GOOGL 每股擁有一次的表決權，B 型則沒有被交易，由創辦人和特殊關係人所持有，C 型

GOOG 則幾乎沒有表決權。

　　GOOGL 與 GOOG 的股價幾乎會一起波動，更多時候反而是後者的股價較高，因為購買的庫藏股主要集中在後者之上。Alphabet 的問題在於股東就算想要換掉成績不佳的經營團隊，如果兩位共同創辦人反對的話，少數股東不管再怎麼掙扎，也根本沒有話語權。

三星電子的五大風險

- 難以預測的半導體市場。
- 商業模式是以硬體為核心的資本密集型，也是股票估價受到折價的主因。
- 智慧型手機市場競爭加劇
- 台積電等晶圓代工廠（半導體代工廠）與輝達、AMD 等無廠半導體公司（專職半導體設計的公司）快速成長。
- 是否擴大股東回報計畫。

難以預測的半導體市場

　　巴美列捷福不直接投資全球最大半導體公司三星電子與英特爾，而是轉以投資為他們提供設備的「超級乙方」ASML，創下了優秀的投資成果。2020 年 10 月三星電子李在鎔副會長親自拜訪位在荷蘭的 ASML 總公司，使ASML 在韓國成為家喻戶曉的企業。

　　ASML 1988 年從飛利浦獨立出來，擁有半導體記憶體工程中最重要的極紫外光（EUV）曝光設備獨家製造技術，一台設備要價超過 1 億美元。

　　半導體是一條產線必須投資數十億美元的設備產業。巴美列捷福雖然給

予三星電子的實力高評價，但是與其將勝負賭注在難以預測的半導體市場上，他們選擇投資每年要花費 300 億美元以上投資半導體設備的三星電子供應商。ASML 的股價過去五年年均成長率為 36％，十年的年均成長率為 26％。

以下訊息供各位參考。如果可以買三星電子的股票，就沒必要投資 SK 海力士。SK 海力士的主要事業是半導體記憶體，三星電子在業界是全球第一。2020 年 10 月宣布併購英特爾 NAND 業務部門時，李碩熙社長表示：「作為後起之秀，我們為的是在短時間消除掉難以改善的規模侷限……」，這段話代表了 SK 海力士很難跨越三星電子這道高牆。

三星電子在長時間的經營之下，經營成果、經營團隊的能力、技術能力、品牌價值、多方位投資組合、財務結構等各個面向上，都壓倒性勝過 SK 海力士。

台積電、AMD 的高速成長

台灣的台積電，是接收蘋果、高通、輝達等顧客方的訂單後，依照半導體設計進行精密生產的全球第一大晶圓代工廠。在記憶體方面稱霸的三星電子也展現出野心，以稱霸晶圓代工市場為目標而引發話題。

台積電 2020 年淨利約 181 億美元，規模小於三星電子。但是總市值高達 4,927 億美元，已經大幅領先英特爾的總市值，並且與三星電子不相上下。台積電的事業因 5G、AI、高性能電腦相關半導體的結構性成長而形成槓桿。

投資人之所以喜歡台積電的根本性原因在於，台積電從前董事長張忠謀一開始就採取股東中心化經營。台灣很早就養成了股東是企業主人的文化，台灣企業大部分都遵守著將投資後剩餘的淨利餘額作為股息發放的原則。只

要該年度半導體景氣不算差，ROE 超過 20％，台積電也會大方分配股息。台積電不僅技術卓越，更採用股東中心化經營。台積電這類的半導體代工企業、輝達與 AMD 等半導體設計公司（無廠半導體公司）正在快速成長，他們儼然已成為三星電子的潛在風險因素。

　　2021 年初在大眾期待下公布的三星電子新股東回報計畫會決定日後的股票價值。2017 年 10 月三星電子所公布的股東回報計畫受到埃利奧特管理公司施壓，也是韓國大企業中嶄新的嘗試，需要一點時間才得以獲得市場的信任。第二次股東回報計畫公布後，如果能夠好好遵守，最近升級的三星電子本益比將得以維持在一定程度之上。

現代汽車的五大風險

- 股價飆漲所帶來的本益比壓力：電動車成長潛力雖高，但依然屬於景氣敏感股。
- 併購的挑選與專注。
- 電動車、自動駕駛核心軟體技術不足。
- 中國端虧損擴大，需要進行結構調整。
- 匯率風險：韓元轉強對收益性而言為利空消息。

股價飆漲所帶來的本益比壓力

　　即便將電動車的成長潛力考慮進去，現代汽車這類的傳統內燃機產業仍被視為景氣敏感股。現代汽車股價於 2020 年飆漲，以本益比或現金流量來說，目前現代汽車的交易價達到甚至高於歐洲、日本完成車業者，表示捷恩斯（Genesis）等產品升級與汽車售價調漲所帶來的收益性改善效應已反映在

股價之上。

　　現代汽車的事業結構上，海外銷售佔比較高，韓元轉強會對業績造成負面影響。韓元轉強會使當地售價上漲，導致價格競爭力變差，當地的銷售額與利潤換算成韓元的話，利潤率便會減少。

併購的挑選與專注

　　鄭夢九會長的「品質經營」確實讓現代汽車更上一層樓，但是在他任期後半段的時候，業界發生劇變，只是注重品質的話，可能會影響收益。幸虧現任鄭義宣會長在擔任副會長的時期，早就開始主導電動車、自動駕駛、電動化等次世代移動項目，帶動集團整體產生成長的動能。

　　現代汽車決定以 8 億 8,000 萬美元收購機器人業界中，以「Spot」著名的美國機器人開發業者波士頓動力（Boston Dynamics）80％的股份。機器人產業將被培育成集團未來的核心事業，收購業界領頭羊應該是一件值得開心的事情，但是現代汽車跟 Toyota 和福斯相比，創造現金流的能力尚嫌不足，因此也讓人不禁好奇，現代汽車這幾年來是不是在海外收購了太多家企業。對股東來說，這些公司必須要能夠創造價值而且產生協同效應，價值數十億美元的投資才具有意義。

電動車、自動駕駛核心軟體技術不足

　　現代汽車是完成車產業中少數採取電動車與氫燃料汽車並行策略的公司。對規模小於福斯和 Toyota 的現代汽車而言，具有投資資金的壓力，在能夠進行量產賺取收益之前，會面臨到許多難關，所以更需要著重於挑選與專注。電動車在達到規模經濟之前，都會暫時處在虧損狀態。現代汽車最核心的課題在於，如何把減少內燃機生產導致的利潤下降，轉換成電動車的盈

餘，使兩者相互抵銷。

現代汽車的目標是在 2025 年前推出二十三款電動車，並每年銷售一百萬台。2020 年 12 月推出了第一款電動車專用平台 E-GMP，充電一次最高可跑五百公里，充電五分鐘就可以行駛一百公里。雖然這是不錯的成績，但是跟特斯拉的 OTA、電池管理系統等軟體技術相比，還有很大的差距。

2021 年韓國汽車業界最受矚目的話題，就是「現代汽車與蘋果合作」，雖然這確實是好消息，但是現代汽車還是應該好好分析其中的利害得失。從蘋果擁有十億用戶的自家生態鏈與十五億台 iOS（行動裝置操作系統）平台的觀點來看，現代汽車可能會對透過蘋果 Car 提升服務銷售額的計畫感興趣，但是蘋果會企圖掌握所有的軟體與內容。對於正在獨資開發電動車平台（E-GMP），擔心自己淪為外包廠商的現代汽車而言，跟蘋果在談判桌上可發揮的空間可能不大。

電池較重，所以不適合使用在未來的卡車上，氫燃料汽車會比電動車更適合卡車。但是氫燃料汽車商業模型的關鍵之一就是充電站，這在現實中有可能實現嗎？雖然韓國政府計畫在全韓國上下設置兩千多個氫燃料充電站，但這關係到鉅額的費用且缺乏具體性，實現的可能性並不高。電動車的風險之一，就在於全球有沒有辦法設置足夠的充電站，這當中氫燃料充電站又更加難以預測。

以下提供各位參考。韓國股票中，具備成長潛力的股票較為珍貴，因此外資選擇購買 LG 化學的股票。以 LG 化學主導的電池業股票拉力賽只著重在成長潛力，就好像對資本密集型商業模式的侷限視而不見。雖然說電池的需求連續十年以上，每年會增加 20 至 30％，但是電池業者每年必須投資數十億美元，因此電池的長期報酬率不可能勝過半導體記憶體。將 LG 化學等電池業者套用在過高的股票估值乘數（stock valuation multiple）是一種錯

誤，這其中風險很多。如果固態電池相關的新技術出現，LG 化學等現有業者的競爭力可能會大受打擊。

實際上 2020 年 12 月 QuantumScape 就發表了一款十五分鐘內可以充電至電池容量 80％的固態電池。QuantumScape 是一間由比爾·蓋茲與福斯共同投資的美國電池業者，目前三星 SDI、中國的 CATL、日本的 Toyota 與 Panasonic 都已經投入固態電池的開發。

中國端虧損擴大，需要進行結構調整

汽車業者長期利潤率平均落在 4 至 5％，因為汽車產業需要大量投資，競爭也非常激烈。超過 20％的利潤率，只有像法拉利這種一台要價百萬美元的超級跑車才得以達到的驚人水準。現代汽車也曾經創下如此的利潤率。全盛時期現代汽車在中國的利潤率超過 20％，對現代汽車而言，中國曾經是金雞母。

但是最近幾年中國區的業務狀況並不佳，2020 年中國的銷售額持續以兩位數字下跌，需要進行結構調整以找出突破口。

華爾街不喜歡資本密集型商業模式

不買科技股的巴菲特之所以投資蘋果的原因

2020 年 10 月 25 日李健熙會長傳出辭世消息後，《華爾街日報》曾指責：「2014 年李會長倒下後這六年來，三星與蘋果不同調，無法開發出提升顧客忠誠度所需要的軟體和服務」[12]。

2021 年三星電子的預估收益本益比為十四倍，蘋果則是三十三倍。在韓國常見的公司治理問題，確實成為三星電子股價的絆腳石。最近三星電子股價上漲，但是本益比仍然和蘋果有著極大差距的根本性原因，就在於商業模式。

全球金融界將三星電子視為世界最具有競爭力的「IT 硬體企業」，反之蘋果已經轉型被評價為「忠誠度高且擁有十億顧客生態鏈的企業」。我從 2008 年在新加坡買了第一支 iPhone 後，十三年來從韓國到香港，又再度回到韓國，先後購買過四次 iPhone，是忠誠度極高的顧客。我在家中使用的電腦是 iMac，筆電則是 MacBook。

巴菲特之所以投資蘋果，不是因為蘋果是科技公司，而是他認為蘋果是世界最強的消費者企業，他並不是像某些錯誤消息所述，違背了自己不投資科技股的投資原則。

　　巴菲特目前擁有 5.6％蘋果股份，是第三大股東，投資金額逾千億美元。但是他不干涉經營，也沒要求董事會的職位。他甚至到 2019 年的時候，還在使用已經用了十年，價值僅 20 美元的三星 SCH-U320 翻蓋手機，讓庫克著急不已，直到 2020 年 2 月才換成庫克送給他的 iPhone11。

　　巴菲特 2016 年 5 月第一次購買蘋果的股票，他以均價 24 美元買進一千萬股。由巴菲特擔任大股東的波克夏海瑟威目前持有 9 億 4,400 萬蘋果股票，平均買進價格為 35 美元，等於他光靠蘋果一支股票，在四五年之內就賺進近千億美元的收益。

　　巴菲特關注蘋果的原因有以下四點，他以此為根據，認為蘋果會持續產出經常性收益。

- 擁有十億名使用十五億台蘋果產品（以使用蘋果操作系統 iOS 的裝置為準，目前一年持續增加一億台中）的顧客生態鏈。
- 預估 iPhone 使用者會突破十億人，而且每年都呈現上漲趨勢。
- 回購率高達 90％的高忠誠度 iPhone 用戶。
- App Store、Apple Music、Apple Arcade 等服務之用戶，過去一年來激增 30％以上，突破五億九千萬人。

蘋果的資產輕量化模式 vs 三星電子的資本密集模式

　　以銷售量來說，三星電子的智慧型手機業務超越蘋果，但是華爾街在各個方面上都認為蘋果比三星電子更勝一籌。

　　國際智慧型手機市場上，製造商會以 iPhone 或 Galaxy 這類的旗艦機種確保獲利，並利用中低階款手機獲得市佔率。蘋果 iPhone 的平均售價推估

為 800 美元左右，三星電子雖然也有旗艦機種 Galaxy，但是銷售到印度、東南亞等國的中低階機種更多，智慧型手機的平均單價落在 200 至 300 美元左右。

以股票市場的觀點來看，上一次第四季蘋果的銷售額比三星電子高出 34%。三星電子除了智慧型手機以外，還擁有半導體、零件、家電等多元的產品組合，生產也已經垂直化。三星電子也是一間利潤極高的公司，但是蘋果與 Amazon 的服務業務部門收益性非常傑出，所以在淨利方面有著 164% 之多的差距。2021 年以預估淨利計算，基於對半導體景氣復甦的期待，三星電子與蘋果之間的差異將會縮短至 90% 左右。

圖表 3-24　三星電子股票估價 vs 蘋果股票估價（單位：韓元）

	三星電子	蘋果
股價（2020 年 12 月 31 日基準）	8 萬 1,000 韓元	14 萬 7,763 韓元
總市值（包含特別股）	544 兆韓元	2,461 兆韓元
2021 年預估淨利	39 兆韓元	74 兆韓元
本益比（總市值／2021 年預估淨利）	14 倍	33 倍

蘋果總市值是 2,461 兆韓元而三星電子是 544 兆韓元，差距將近五倍，原因就是蘋果的本益比是三十三倍，而三星電子的本益比是十四倍。

關於蘋果的本益比高出三星電子兩倍以上的情況，可以單純用兩間企業成長潛力不同來解釋嗎？分析師認為三星電子也是利潤率十年來得以每年成長 10%，屬於成長潛力很高的超優良企業。在金融市場上蘋果之所以比三星電子更上一層樓的原因，就在於商業模式。蘋果不直接製造產品，而是將能力專注於產品企畫、設計、行銷之上，公司內唯一親手製作的只有操作系

統的軟體。2020 年底蘋果公開 PC 專用 CPU（中央處理器）「M1」時也備受矚目。

iPhone 的生產主要委託在中國擁有大規模工廠的台灣富士康或和碩。蘋果採取只研發但不製造的輕量化模式，反之，三星電子則跟日本和德國的企業一樣，整個工程一手包辦，雖然這在品質管理方面具有優勢，但是需要投資大量資本，屬於資本密集型模式。

證券公司之所以不給予資本密集型企業高評價，原因在於利潤的變動性。從產業性質來說，大規模投資會引發產品價格波動，導致利潤難以預測。雖然市場上有將近一百名分析師負責研究三星電子，但是收益預估方面卻頻頻出錯。

蘋果不公開 iPhone 銷售量的原因

蘋果在發表 2018 年業績的時候，宣布日後不再公開 iPhone 的銷售量。當時蘋果 CFO 說：「不要再把我們評價為是一個生產機器的硬體公司」，還受到華爾街的冷嘲熱諷。但是三年過去，現在的華爾街卻為蘋果的「體質改善」歡欣鼓舞，這段期間蘋果的股價上漲了三倍左右。「希望打造出一間沒有我也能持續生存的企業」──創辦人賈伯斯的遺願得償，2011 年他去世之後，蘋果不但進化了，而且還在持續發展中。

市場後來才重新發現蘋果偌大的生態鏈，為了蘋果的服務業務賦予股票溢價，本益比在一兩年之間上漲，蘋果股價現在已經確確實實擺脫了被低估的狀態。

蘋果減少了 iPhone 的佔比，反之，利潤率較高的服務業務佔比在十年內增加了五倍之多。從近期的業績上可以看到，能夠持續收取訂閱費的音樂

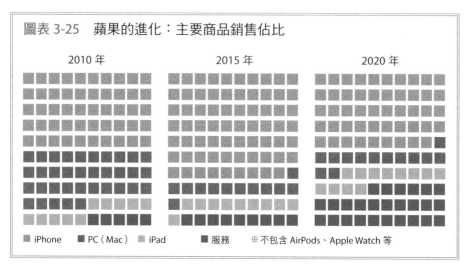

圖表 3-25　蘋果的進化：主要商品銷售佔比

2010 年　　　　　　2015 年　　　　　　2020 年

■ iPhone　　■ PC（Mac）　■ iPad　　　■ 服務　　※不包含 AirPods、Apple Watch 等

出處：〈朝鮮日報〉

串流、App Store 等服務業務佔整體銷售比重 23％[13]。過去幾年，蘋果每年買進約 700 億美元的庫藏股進行註銷，也確立了他們在股東回報方面的形象。

我們也可以從總資產上看出三星電子與蘋果的差異。雖然兩家公司的總資產都大約是 3,400 億美元，但是包含的內容卻大相逕庭。蘋果總資產中 58％是盈餘現金，製造上所使用的有形資產為 378 億美元，僅佔總資產的 11％。反之，三星電子因業務特性，每年都要花費 300 億美元以上進行設備投資，正因為 IT 硬體屬於設備產業。三星電子的有形資產為 1,125 億美元，將近佔比總資產的 33％。

從 2020 年三星電子所公布的總經理團隊人事資訊上，人數超過十位，其中完全找不到負責軟體領域的人，全都是負責記憶半導體、晶圓、生活家電等 IT 製造、研發或管理相關的人士。

我的好友中有一位長期將三星、SK 海力士等大型 IT 企業視為顧客培養

圖表 3-26　2020 年三星電子資產負債表 vs 蘋果資產負債表（單位：韓元）

	三星電子	蘋果
現金	118 兆韓元（佔總資產 31%）	221 兆韓元（佔總資產 58%）
有形資產	125 兆韓元（佔總資產 33%）	42 兆韓元（佔總資產 11%）
總資產	376 兆韓元	378 兆韓元
銷售額	235 兆韓元	316 兆韓元
營業利潤	34 兆韓元	76 兆韓元
營業利潤率	15%	24%

出處：個別公司財務報表

的公司老闆，他曾說：「三星電子打從骨子裡就是一間硬體公司」。

　　不管是人還是企業，DNA 都不太會改變。雖然李在鎔副會長想改變三星電子的企業文化，但這絕非易事。雖然三星電子迫切需要提升軟體、內容的力量，但是在如果上級下達指示、就要一天工作十五小時的硬體企業文化下，大部分的員工都習慣順從。這就是所謂的「三星模式」，也是將三星打造成全球第一硬體企業的 DNA。

　　如果想要打造出一間以軟體為中心的企業，就要轉成開放式文化，召集擁有這種 DNA 的人才。iPhone 之所以可以用酷炫的形象引領高階智慧型手機市場，原因來自於蘋果在總部所處的庫比蒂諾（Cupertino）扎根三十年所創造的蘋果特有生態系，這個地方聚集了矽谷的嬉皮設計師、二十四小時待命的軟體工程師、千禧世代的消費者，以及創意型合作企業的員工。

　　一位在矽谷工作的後輩說，美國年輕的軟體工程師或數據科學家，比起三星（Samsung Research America），反而對中國企業抖音更感興趣。

　　三星電子確實是韓國大企業中最具成長潛力且股價受到低估的公司。但是不管收益率再高，華爾街仍不會賦予溢價給每年必須投資上百億美元在工

廠與設備上的硬體中心型資本密集商業模式。

　　支配二十一世紀的不是以資產、銷售為基準的「巨型」公司，而是擁有人才、知識、技術、數據的「智慧」公司。

成功企業的DNA不一樣

韓國折價有解決之道嗎

　　成功企業都有個共同點，不論所處的國家與市場為何，他們的企業總市值都會高於帳面價值。所謂的帳面價值，指的是財務報表上的總資產扣除總負債後得出的資本總額，也就是股東權益。最近成長性最突出的特斯拉或輝達，總市值除以資本總計（帳面價值）的倍數分別為一百零五倍與二十五倍，同樣的倍數轉換每股指標就是股價淨值比（PBR，price-to-book）。

　　總市值代表企業未來的價值，前景看好的企業，總市值當然應該高於帳面價值。科技巨擘單純的平均股價淨值比為十三倍，其中被認為成長潛力偏低、限制風險較高的 Alphabet 是六倍，Facebook 是八倍。反之，成長潛力低落的韓國企業，股價淨值比大部分情況下都無法超過一倍。雖然有人主張這種股票很便宜，但是被低估必定有原因，如果控制股東或 CEO 沒有打算解決的話，股價不一定會上漲。

　　NAVER 和 Kakao 最近股價飆漲後，股價淨值比分別上漲至 5.4 倍與 5.0 倍。三星電子的股價淨值比則落在 2.0 倍，對比基本面來說還是被低估。埃利奧特管理公司 2016 年 10 月的分析資料中指出，三星電子的股價當時相較於蘋果、高通、台積電、LG 電子等同類型企業的股價淨值比，折價率高達 68％。最近銀行中經營狀況最好的 KB 金融股價淨值比為 0.4 倍，全球的金融公司股價淨值比大概都未滿一倍，這也暗示了金融業不明朗的未來。

圖表3-27　2020年主要上市公司總市值與帳面價值的相互關係（單位：韓元）

	資產總額	負債總額	資本總計 （資產總額 - 負債總額）	總市值	總市值／ 資本總計
特斯拉	32 兆韓元	25 兆韓元	7 兆韓元	736 兆韓元	105 倍
輝達	25 兆韓元	11 兆韓元	14 兆韓元	355 兆韓元	25 倍
Amazon	258 兆韓元	185 兆韓元	74 兆韓元	1,799 兆韓元	24 倍
微軟	301 兆韓元	183 兆韓元	118 兆韓元	1,851 兆韓元	16 倍
蘋果	317 兆韓元	95 兆韓元	222 兆韓元	2,461 兆韓元	11 倍
Facebook	140 兆韓元	29 兆韓元	110 兆韓元	847 兆韓元	8 倍
Alphabet	278 兆韓元	71 兆韓元	207 兆韓元	1,310 兆韓元	6 倍
NAVER	15 兆韓元	7 兆韓元	8 兆韓元	43 兆韓元	5.4 倍
Kakao	10 兆韓元	3 兆韓元	7 兆韓元	35 兆韓元	5.0 倍
三星電子	358 兆韓元	88 兆韓元	270 兆韓元	544 兆韓元	2.0 倍
現代汽車	202 兆韓元	128 兆韓元	74 兆韓元	44 兆韓元	0.6 倍
KB 金融	570 兆韓元	529 兆韓元	40 兆韓元	17 兆韓元	0.4 倍

數位資產是二十一世紀股市的核心

　　Interbrand 所計算的梅賽德斯賓士與 BMW 的品牌價值為總市值的 70％。這表示在汽車產業變化萬千的環境下，內燃機生產設備就連對賓士或 BMW 這類的高端品牌來說都毫無價值。

　　現在是數位資產的時代，比起土地、工廠、生產設備這類的有形資產，知識、技術、品牌、顧客關係等無形資產才是核心。用戶數據、機器學習演算法等數位資產未來會越來越重要。

　　成長潛力與利潤率是會反映在財報上的經營成果，反之，以研發為基礎

所建立的無形資產，不會體現在財務報表上。所以說，武斷認為擁有大量用戶數據的科技巨擘與 Netflix、PayPal、Spotify 等新經濟企業的股價被高估，是非常危險的想法。

　　大型私募基金凱雷集團分析 S&P500 指數股的資料中指出，企業價值中無形資產的比重最近已經從 1990 年代的 60％提升到 80％中段。未來還會繼續出現像 Airbnb 這類沒有房間、沒有員工，只靠著平台營運的新生代企業和凱悅酒店、希爾頓等大型連鎖酒店競爭。

　　品牌、顧客關係、領導能力、研發能力、公司治理都是在財務報表上找不到的無形資產，甚至還出現了資產負債表無效之說。賈伯斯的創意、香奈兒的品牌價值、Google AI 科學家的研發能力、VISA 使用者的忠誠度、大韓航空空服員的服務精神，這些都是決定企業競爭力與價值的核心要素，但卻完全不會反映在資產負債表上。

享有股票溢價的企業共通點

- 一直以來都具備高度成長的能力，市場相信該企業未來也可以繼續維持高成長狀態，驅使本益比等股票估價較高。
- 收益率高，也就表示該公司具備充分的財力發放股息或買回庫藏股註銷，且將盈餘集中投資在研發等未來發展之上。
- 傑出的品牌、穩健的客戶關係、具有魄力及願景的領導者、訓練有素的研發人員等無形資產非常優良。
- 公司治理優良且獲得市場信賴，會使股價較為穩定。

穩穩賺的公司

找出外在環境變化時，仍能穩定提升收益的企業。

家族企業

「主人意識」的優點勝過金湯匙的副作用

當投資人的目標與其所投資的企業目標一致時，就會出現最棒的投資成果。當大股東或 CEO 以自己跟少數股東同舟共濟的心態經營公司，就會為股價上漲奠定基礎。但是我們經常可以看到大股東與 CEO 做出和少數股東意見相左的決策，這種時候利害關係相互衝突，少數股東總是會吃虧。

想要避免這類公司治理風險的方法之一，就是長期投資透明經營的家族企業。提到家族企業的話，在亞洲的三星、LG、現代汽車等韓國財閥最具代表性。美國則有沃爾瑪、福特、雅詩蘭黛、好時、康卡斯特（Comcast）等公司。歐洲則有德國的 BMW、荷蘭的海尼根、法國的愛馬仕、LVMH、開雲、萊雅、西班牙的印地紡、瑞士的羅氏、義大利的 Moncler 和 Prada 等。當 2020 年全球因新冠肺炎陷入經濟困境時，這些企業的價值大部分仍然增加，同時也使他們的家族資產增值。

企業的長期目標與短期實踐相互結合並保持均衡的時候，就會創造出亮眼的成績。如果家族財產大部分都投注在家族企業的股票上，家族成員就不會在外面做出不當行為，而是會付諸努力提升自家股票的價值，家族與少數股東的目標就會形成一致。

瑞士信貸集團近期的分析指出，2006 年以後，全球主要的家族企業股價，創造出每年高於其他公司 3.7％的成績，其中累積報酬率更有著大幅差

距，因為家族企業的主人意識強烈，經常是以長期觀點進行投資，可以持續創造出穩定且非常高的收益。其中受益的不只有家族本身，少數股東也會享受到股價上漲所帶來的利益 [1]。家族企業過去十四年來，取得了以下幾點比一般上市公司更優秀的經營成果。

- 一般上市公司的年化銷售增長率為 6.8％，家族企業則是 11.3％，等於每年高出 4.5％。
- 利潤率也高出約 2％。
- 以長期觀點進行設備投資，在研發投資方面也更加積極。
- 財務結構優良，投資時比起貸款，會更仰賴於自身所持有的資金。

換個模式依然穩如泰山

家族企業種類各式各樣。1743 年在法國成立的路易威登與 1847 年誕生於丹麥的嘉士伯，都是擁有百年歷史的上市公司。其他還有像歷史比他們短，但持續一百零八年以非上市公司形式保留家族門面的香奈兒等精品品牌。也有像 Facebook、Alphabet、特斯拉一樣，過去二三十年來從矽谷起源的第一代新生企業。

這些企業的創辦人與家族，事實上很難將自己的股份賣給市場變現，命中註定他們要努力將企業價值最大化。成功家族企業的共同點是，十年至二十年後的長期願景與一兩年內的短期計畫相互協調。他們善於應對大幅變化的趨勢，而且會積極利用這項優勢。

大多數的家族企業並未上市，由創業的家族持有股份，因為他們不需要外部的資金，也沒有理由將利潤豐厚的股份轉讓給他人。全世界擁有兩代以

上傳統的前二十五大家族企業中，有一半是非上市公司，所以說優良的家族企業雖多，但是要找到上市公司並不容易。在美國、歐洲股市上市的沃爾瑪、雅詩蘭黛、好時、萊雅、羅氏等企業，未來會像過去的幾個世代一樣，持續穩定地成長。

沃爾瑪——低風險、優秀的商業模式

1962 年成立，在全球有一萬一千三百間賣場，並擁有一百五十萬名員工的全球最大零售企業沃爾瑪，過去十年來的股價年均上漲 10％、五年來年均上漲 17％。預估 2020 年將有接近 2％ 的殖利率。

沃爾頓家族還保有公司 50％ 的股份，沃爾瑪的總市值為 4,090 億美元，所以他們的股份價值幾乎高達 2,090 億美元。長期持有具備吸引力和低風險性的沃爾瑪股票，就等同於跟沃爾頓家族搭上了同一艘船。

沃爾瑪擁有銷售周轉率非常高且現金流創造能力卓越的商業模式，他們在物流等供應鏈改善方面投入大量資金，電商交易策略也取得了良好成績，雖然跟位居第一的 Amazon 有所差距，但作為後起之秀的沃爾瑪在美國電商界位居第二。要說缺點的話，就是在員工工作條件、薪資、福利等 ESG 方面經常受到批評，但換個方式想，這也許意味著沃爾瑪最重視的是股東價值。

雅詩蘭黛——架構出最強的化妝品品牌組合

在清一色都是歐洲家族企業的精品／化妝品產業中，雅詩蘭黛是 1946 年所成立的美國家族企業。猶太裔的蘭黛家族手中握有雅詩蘭黛 40％ 的股份，以世界頂尖技術製作的雅詩蘭黛產品，因不在 Amazon 上銷售而著名。

除了一分鐘可以賣出九罐的「小棕瓶」等雅詩蘭黛自家品牌以外，他

們同時有擁有女性熟知的 Clinique、MAC、Jo Malone、Bobbi Brown、La Mer、Aveda 等多種化妝品品牌，總市值為 963 億美元，股價過去十年來上漲 21%，五年來上漲 26%，預估 2020 年將有 1% 的殖利率。

雅詩蘭黛成功適應數位環境維持品牌價值，連中國市場的市佔率似乎都持續節節高升，預估雅詩蘭黛將在包含中國在內的亞洲地區持續高速成長。但因為近期雅詩蘭黛股價已經飆漲，希望想長期持有的投資人能夠等待股價盤整。

好時──巧克力是一門營業利潤超過 20% 的優良生意

以巧克力著名的好時也是傑出的美國家族企業。巧克力產業每年持續成長 4 至 6%，擁有 M&M's 品牌的全球第一大企業瑪氏、雀巢等，是由歐洲與美國家族企業所領導。預估企業價值高達 1,200 億美元以上的瑪氏是非上市公司，股份全由創辦家族所持有。

1894 年密爾頓・赫爾希（Milton Hershey）在賓夕凡尼亞州創辦的家族企業，必須要透過好時財團掌握經營權。被納入 S&P500 指數的好時總市值為 300 億美元，股價過去十年來與五年來每年上升 11%，看得出來非常穩健。以超過 20% 的營業利潤率為基礎，預估 2020 年也會有 2% 的殖利率。看得出日後好時也會持續調漲銷售單價、數量穩定增加，維持在和過去類似的成長趨勢上。

2016 年旗下擁有 Oreo 的全球第二大巧克力製造公司億滋國際（Mondelez）曾嘗試公開買進好時的股票，不過受到想維持獨立的赫氏家族反對，併購宣告流標。

羅氏──全球最大製藥公司

瑞士的霍夫曼（Hoffman）家族擁有一百二十年歷史，歷經五代繼承的全球最大藥局（big pharma，國際大型藥局）羅氏，比起投資被過度高估的賽特瑞恩等股票，與霍夫曼家族同舟共濟不是更穩定嗎？霍夫曼家族擁有這家總市值 330 億美元的全球最大製藥公司 50％左右的股份。羅氏將美國最大生物科技公司基因泰克（Genetech）納為自家子公司，羅氏是全球生技公司中研發投資量最大的公司（超過 100 億美元），但即便如此它的營業利潤率依然超過 30％。預計 2020 年羅氏將發放 3％股息，過去三十二年來每年股息都在增加，似乎不需要煩惱有無配息的風險。

羅氏的股價過去十年來年均上升 8％、五年來年均上升 3％。2021 年預估收益本益比為十五倍，長期持有的話應該可以持續創造收益。

萊雅──全球最大化妝品公司

全球最大的化妝品公司法國萊雅總市值超過 2,000 億元，握有經營權的貝登古（Bettencourt）家族持有 33％的股份，瑞士雀巢友善持有 23％股份。1998 年後，除了某一年以外，萊雅每年的成長趨勢都高於業界平均。

萊雅除了自家品牌以外，還擁有蘭蔻、媚比琳、契爾氏、碧兒泉、植村秀、巴黎卡詩等十七個品牌。2017 年萊雅以 5.45 億美元收購 Style Nanda 震驚全球。

萊雅股價過去十年來年增 14％、五年來年增 15％。與雅詩蘭黛一樣，股價飆漲形成壓力，長期投資人最好等股價盤整後再進場。2020 年預計殖利率會略超出 1％。萊雅的高成長歸功於他們專注經營亞洲保養品市場並運用電商交易策略，萊雅甚至還另外任命數位長（Chief Digital Officer），擁有明確數位策略的萊雅，2020 年上半年電商交易佔比提升至銷售額的

25％，預估日後每年還會有 8 至 12％的利潤增長。若萊雅買回雀巢的股份進行註銷，股東價值還可能上漲至 14％。

歐洲奢侈品牌──最能體現出家族企業的優點

奢侈品產業最能體現出家族企業的優點，包含傳統家族企業愛馬仕、香奈兒、Prada 與藉由併購培養公司勢力的 LVMH、開雲、Moncler 等公司。歐洲財閥排名第一的 LVMH 貝爾納·阿爾諾董事長、法國開雲法蘭索瓦－昂希·皮諾董事長、雷莫·魯菲尼（Remo Ruffini）董事長雖然不屬於創業家族的一員，但是充分發揮了歐洲奢侈品牌的優勢將公司推向國際，因而受到讚揚。

全球貧富差距的問題越來越嚴重，薪資差距加大，中國和亞洲有能力購買名牌的中產階級反而快速增加。即便愛馬仕、香奈兒、LV 的包包每年都調漲價格，需求量依然不減。2020 年 4 月新冠肺炎肆虐之中，香奈兒將

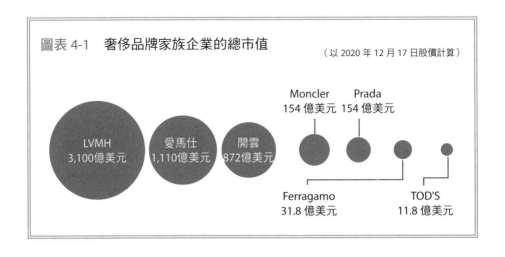

圖表 4-1　**奢侈品牌家族企業的總市值**

（以 2020 年 12 月 17 日股價計算）

Moncler
154 億美元

Prada
154 億美元

LVMH
3,100億美元

愛馬仕
1,110億美元

開雲
872億美元

Ferragamo
31.8 億美元

TOD'S
11.8 億美元

圖表 4-2 奢侈品牌家族企業總市值與股價成長率

企業	總市值	股價年增率		品牌
		五年	十年	
LVMH*	3,100 億美元	28%	15%	路易威登、迪奧、Fendi、Celine、諾悠翩雅、Marc Jacobs、紀梵希、DFS、Sephora、寶格麗、TAG Heuer、軒尼詩、酩悅香檳、唐培里儂香檳王……等
開雲	872 億美元	31%	18%	Gucci、YSL、寶緹嘉、巴黎世家、布里奧尼、亞歷山大麥昆……等
愛馬仕	1,110 億美元	23%	19%	愛馬仕
香奈兒	非上市			香奈兒
克里斯汀·迪奧 **	972 億美元	23%	15%	迪奧
Moncler	154 億美元	30%	NA**	Moncler、Stone Island（預計）
Prada	154 億美元	14%	0%	Prada、Miu Miu、Church's
TOD'S	11.8 億美元	－ 17%	－ 9%	TOD'S
Ferragamo	3.5 兆韓元	－ 6%	0%	Ferragamo
Brunello Cucinelli	31.8 億美元	18%	15%	Brunello Cucinelli

* 家族控股公司 Group Arnault SAS 持有克里斯汀·迪奧 70% 股份、迪奧持有 LVMH 42% 股份
** 2013 年上市

產品價格全面調漲 4 至 15%。奢侈品市場裡分為手錶、戒指、項鍊等硬奢侈品（Hard Luxury）和皮革與絲綢產品、包包、高級服飾等軟奢侈品（Soft Luxury），貝恩策略顧問公司（Bain&Company）指出，2019 年奢侈品市場規模約為 3,290 億美元。

　　包括海外旅行時在當地購買的產品，中國的奢侈品需求佔比全球35％，預計至 2025 年為止，比重將會增加至 50％。線上銷售的比重也預期將從 2019 年的 12％，至 2025 年增加至 30％。

LVMH──擁有七十五個名牌的奢侈品王國

　　具有「喀什米爾羊群中的狼」之稱的 LVMH 董事長阿爾諾在過去三十五年來，積極進行企業合併與收購，打造出精品王國。LVMH 上市公司旗下擁有克里斯汀・迪奧（Christian Dior）、Fendi、Celine、諾悠翩雅（Loro Piana）、Marc Jacobs、紀梵希（Givency）等高級時尚／皮革品牌；Sephora、DFS 這類的零售品牌；酩悅香檳（Moet & Chandon）、唐培里儂香檳王（Dom Perignon）等紅酒與酒類品牌；寶格麗、TAG Heuer 這類的手錶／珠寶品牌，共持有七十五個品牌。若走在現代百貨公司位於狎鷗亭總店的名牌區，經過的每一間店應該都是阿爾諾董事長旗下的品牌。

　　擁有強大品牌投資組合與規模經濟的 LVMH，總市值高達 3,110 億美元。阿爾諾董事長在將品牌特性最大化的同時製造了協同效應，讓 LVMH 成為全球最大、最強的奢侈品集團。在租金、廣告費等固定費用較高的奢侈品產業中，對 LVMH 和開雲這樣的大企業而言絕對是有利的。

　　LVMH 的股價反映出它成功的併購策略與自我成長，過去十年來上漲了15％，五年來則上漲 28％，雖然為數不多，不過預估 2020 年將有 1％的殖利率。阿爾諾與家族透過直接、間接的方式持有 47％ LVMH 的股份。買進 LVMH 的股票，就等同於是和全球最會進行精品交易且經營能力卓越的阿爾諾董事長同舟共濟。

　　但風險在於 LV 依然佔據 LVMH 利潤的一半，LVMH 還需要努力多元化，雖然阿爾諾董事長目前還在位，但是無法確認已經七十一歲的他還會任

職到什麼時候。究竟他會將經營權交給四名子女中的哪一位，成為人們最關注的焦點。

開雲──持有 Gucci 的優秀奢侈品控股公司

　　開雲是過去三十年來由弗朗索瓦・皮諾（François Pinault）名譽董事長藉由 M&A 收購 Gucci、YSL、巴黎世家、寶緹嘉、亞歷山大麥昆（Alexander McQueen）、布里奧尼（Brioni）、寶詩龍（Boucheron）等十五個品牌的精品控股公司。名譽會長的兒子法蘭索瓦－昂希・皮諾董事長兼執行長為了將公司內部成長潛能最大化，創造出併購的協同效應，過去五六年來一直克制著收購新品牌。

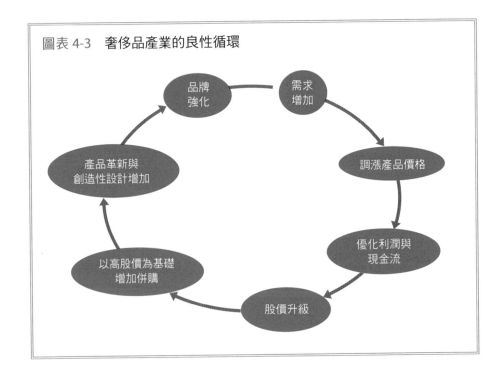

圖表 4-3　奢侈品產業的良性循環

　　二十世紀起源於義大利皮革專賣店的 Gucci 是開雲的標誌性品牌，佔整體銷售額 61％，外界批評開雲對 Gucci 依賴度太高。

　　開雲的總市值為 872 億美元，雖然規模不及 LVMH，但是股價表現非常良好，過去十年來年增 18％、五年來增加 31％，預計 2020 年將有 1％殖利率。

　　皮諾董事長與其家族透過 Artemis SA 控股公司持有開雲 41％的股份，並擁有運動品牌 Puma 的 29％股份，以及佳士得（Christie's）100％的股份。品牌一旦在奢侈品產業中佔有一席之地後，就會開始良性循環。香奈兒、愛馬仕、LV 這類的精品需求總是大於供給，因此價格容易上漲，最後會帶來持續改善利潤與現金流的效果，後續引發股價上漲之後，就會像 LVMH、開雲、Moncler 的案例一樣，以高股價作為利器併購其他品牌，此舉會使產品革新與創造性設計增加，近一步強化品牌地位。

愛馬仕──精品中的精品，如柏金包般的股價

　　愛馬仕雖然家族持股較高，但股票有在巴黎交易所上市。由法國匠人親手打造的柏金包與凱莉包，售價逾 1 萬美元，由於沒有在工廠量產，如果下訂要等一年以上才會交貨。

　　1873 年以銷售馬術用品起家的愛馬仕，是至今已傳承至第六代的家族企業。而愛馬仕的股價就像柏金包一樣，非常昂貴，加上股票稀缺性的價值，2021 年預估收益本益比超過五十倍，過去十年來每年上漲 19％，五年來上漲 23％，總市值為 1,110 億美元。

　　股東結構上愛馬仕家族持有 65％股份，有意進行非合意併購的 LVMH 持股 20％。與其買進一個昂貴的柏金包，成為全由愛馬仕家族經營的全球頂尖奢侈品公司的股東不是更好嗎？由於 LVMH 總是企圖想收購愛馬仕，

雖然併購溢價可能會持續下去，但等到股價盤整後再進場也不晚。

另外，跟愛馬仕爭奪頂尖精品地位的香奈兒是採取封閉性家族企業的原則，並沒有讓股票上市。香奈兒成立一百零八年以來，2018 年才首度公開業績，銷售額高達 96 億美元，營業利潤為 27 億美元（2017 年結算），表現優良，業績超越 Gucci（2017 年銷售額 71 億美元）與路易威登不分軒輊。在後續兩年來，銷售額每年上升 12％，營業利潤率維持在 28％。

Moncler ──羽絨外套界的香奈兒

Moncler 以價值數千美元的冬季羽絨外套著名，總公司雖然位於米蘭，但它其實是一間法國公司。2003 年義大利企業家雷莫・魯菲尼收購 Moncler後，為了提升公司勢力，2013 年在米蘭交易所上市。Moncler 的實力一直以來都有目共睹，1968 年還曾獲選為法國滑雪國家代表隊官方贊助公司。自從被魯菲尼董事長收購後，開始與知名設計師合作，Moncler 才正式有了成長的動能。後來 Moncler 推出了時尚又輕快的羽絨服，被公認為是高級的時尚品牌。Moncler 的總市值 154 億美元，過去五年來年增 30％，2019 年營業利潤率高達 30％左右，接下來的五年銷售額應該可以輕鬆達到每年 10 至15％的成長。過去五年來成長速度勝過奢侈品牌平均值的 Moncelr，在中國等亞洲地區更是特別受到歡迎，成長潛力很高。Moncler 2020 年宣布以 13.9億美元收購 100％ Stone Island 的股份，等 Moncler 的股價盤整時，跟擁有25％股份的魯菲尼家族搭上同一條船，是個不錯的選擇。

除此之外，Prada、TOD'S、Ferragamo 等品牌的動能與成長潛力略微遜色。Moncler、LVMH、開雲、愛馬仕都是適合長期持有的股票，但是因為短期內股價陡升，可以等 2021 年盤整後再買進也不遲。

韓國的家族企業們

　　俗話說「富不過三代」。根據德勤（Deloitte）的家族企業中心指出，家族企業中，僅有不到 30％的企業成功生存到第三代，也就表示家族持有的公司，本身並不保障企業的永續性[2]。全球家族企業的股價第一代和第二代的成績都很好，但是從金湯匙副作用發生的第三代開始業績便會惡化（當然還是有很多像沃爾瑪、羅氏、愛馬仕等例外的狀況）。

　　由第四代經營的斗山集團就是典型案例。斗山集團目前正在進行深切的改革，但是他們從第三代經營開始就連續做出許多錯誤的判斷，不知道是不是過度相信外部顧問，朴家第三代把利潤高且現金流優良的消費品公司賣掉，收購了一些笨重且龐大的景氣敏感工業品公司。而且在進軍會受到景氣大幅影響的重工業、建築重型裝備的產業時，又過度仰賴貸款。韓國最具代表性的家族企業——三星集團、現代汽車集團，現在由第三代接手經營，可以說是站在重要的分水嶺上。

　　在韓國財閥有兩種意思，一種指資本主義發展下自然形成的大型企業群體，但也指稱控制這些企業的家族。韓國的家族企業模型，如果能以公司治理為中心、好好經營，是很優秀的制度。以賺取數百億美元的三星集團為首，現代汽車、SK、LG 等大多數財閥在 2018 年都分別創下史上最高利潤，使他們的海外競爭力更上一層樓。

　　以席捲全球的 LED 事業或三星生物的生技製藥委外生產（CMO）為例，倘若經營團隊與結構調整部門將其定義為引領未來的新產業，三星就會不在乎短期虧損進行長期投資。以 CEO 必須對於季度業績投入大量關注的角度看來，這些事業群都不可能做得到。

　　韓國財閥正在高速成長，同時也為子公司的新事業出資，擔任創投的角

色，藉由支付擔保的方式提供信用。另外，集團也透過公開招募大規模雇用人才，在培養好人才之後派遣至子公司，同時肩負人才培養所的角色。

集團的秘書室也取代了過往只停留在舉手表決階段的董事會，擔任起為子公司企畫與監督經營團隊的角色。但當然也有副作用。由於他們是家族的代理人，會忽略包含少數股東在內的各種利害關係人的利益，有時候還會帶頭指揮，使子公司變成私人金庫，過程中經常會損害少數股東的權利。

使財閥控制結構盤根錯節的根本性原因在於，1980 年至 1990 年代高速成長時期，他們透過大規模貸款與增資培植公司，忽略了家族持股率下滑。因為當時還沒有向資本市場開放，對於外國人參與股市的限制非常嚴格，也沒有必要擔心惡意收購的情況出現。不只限於韓國，成長速度超越自身能力，使大股東股份受到稀釋的情況，在海外也會發生，就像是蘋果沒有大股東一樣。

三星電子的外資持股率高達 56％，外國人持有李在鎔副會長家族數倍之多的股份。2016 年雖然埃利奧特管理公司提出股東回報的要求，但三星電子經營良好，只要股價上能反映出這點，外資就不會干涉經營，因為三星電子不只每年可以創造數百億美元的淨利，外資也認為李家和目前的經營團隊是帶領三星電子成長的最佳組合。

在全球標準方面，三星電子的公司治理還有很大的提升空間，但包括分紅在內的股東回報政策已經開始生效，主營 IT 業務的競爭力將暫時保持在全球最高水準。因此，三星電子仍被認為是韓國最具前景的大型股。

家族企業的致命傷

家族企業的致命傷就在於家族的經營權繼承。所有權（控制權）繼承與

公司治理是家族企業中相輔相成的核心要素。我們已經看過許多次樂天、韓進、錦湖、斗山等世代繼承過程中產生的家族不和。受到打壓的領導人，也毫無意外會對集團經營造成非常大的惡性影響，損害股票未來的價值。

但是為了家族企業的長期發展，最重要的不是所有權和繼承，而是公司治理。韓國對於公司治理的概念經常有誤解，對於家族成員與作為代理人的公司高管也不太了解。記者和學者經常發表扭曲的報導，主張提升作為大股東的家族持股可以改善公司治理，但事實並非如此。將企業與股東（包含大股東、少數股東、外資股東等所有股東）視為第一優先順序，共同追求永續成長，才是良好的公司治理。家族內部的溝通固然重要，但尊重一般股東的意見，追求共同的目標才是核心關鍵。

雖然所有權還沒有轉移，但是現代汽車集團、韓華集團的第三代都已經接手經營權，LG 開啟第四代經營也已經兩年。作為公司治理核心要素的繼承問題也不僅僅發生在韓國。美國三大汽車業者之一，福特創辦人的曾孫比爾・福特（Bill Ford）董事長，十幾年前也曾在股東大會上因業績不佳而受到卸任的壓力，股東們要求比爾・福特分割董事長與 CEO 的兼任制度，取消小額股東的雙重股權制度。當時美國機構投資人的主張是，業主經營權世襲本身不是問題，重點是應該要由能力「獲得認可」的人來帶領整個企業。

品牌價值提升的企業

關注 Interbrand 選出的百大品牌

全球股市中長期以來股價持續走揚的企業，會以好的產品與服務為基礎，長時間積累顧客的信任，並不斷培養品牌價值，其中蘋果、Amazon、微軟、Google、三星、Facebook、Nike、愛迪達、LV、愛馬仕、SAP、Adobe、星巴克、VISA 信用卡等最具代表性。近期 Facebook 的子公司 Instagram、Google 的關係企業 YouTube、PayPal、Netflix、Salesforce、Spotify 等訂閱型公司的品牌價值正在高速成長。

Interbrand 每年秋天會公布「全球最有價值的品牌」，影響力非常深遠，受到財經界與金融界和輿論媒體的關注。華爾街之所以關注 Interbrand 榜單，是因為過去二十一年來被選為全球最有價值品牌的企業，股價表現都會優於市場[3]。品牌包含了人才、研發、客戶關係、信賴等企業最重要的無形資產。

Interbrand 強調「品牌是最重要的資產」。2020 年 10 月，Interbrand 公布新全球百大品牌，特斯拉再度擠進榜單，排名第四十位，反映出個人對於環保的信念與價值，現在高達 128 億美元的特斯拉品牌價值將會受到千禧世代的全力支持，持續走揚。就像樹木需要精心栽培一樣，品牌需要持續地管理。品牌會直接影響企業的價值，Interbrand 說：「品牌可以讓產品或服務受到更多消費者的青睞，使銷售額增加並獲得更好的售價，不僅能提升營業

圖表4-4　2019年「全球最有價值品牌」（圓圈的大小與品牌價值成正比）

出處：Interbrand

利潤，還能讓顧客回頭，提升顧客忠誠度」[4]。

品牌價值成長率前十五大企業有哪些？

以下是從 2016 年後品牌價值持續走揚的企業中所挑選出的「品牌價值成長率前十五大企業」，這十五家企業過去四年來的品牌價值年均成長 16％，股價三年來年均上漲 27％，總市值中品牌的佔比平均為 11％，證實了股票市場中品牌被認為是核心資產。

品牌價值的佔比，蘋果和 Amazon 這類的 B2C 企業會高於微軟等以 B2B

為重心的企業。2019 年底我認為 Amazon 的品牌價值在總市值中的佔比過低，但 2020 年 Amazon 的品牌價值就比前一年增加了 60％，突破 2,000 億美元。由於新冠肺炎，使 Amazon 和蘋果在用戶的日常中深耕，預計日後這兩家企業應該也會繼續爭奪第一大品牌的地位。

圖表 4-5　品牌價值增長率前十五大企業

Interbrand 2020 年「全球最佳品牌」排名	企業	品牌價值	總市值	品牌價值／總市值	品牌價值增長率（2016 至 2020 年均）	股價增長率（2017 至 2020 年均）
1	蘋果	3,230 億美元	2 兆 2370 億美元	14%	16%	43%
2	Amazon	2,010 億美元	1 兆 6350 億美元	12%	41%	49%
3	微軟	1,660 億美元	1 兆 6,830 億美元	10%	23%	42%
4	Google（Alphabet）*	1,650 億美元	1 兆 1,910 億美元	17%	5%	15%
5	三星	620 億美元	4,950 億美元	13%	5%	5%
6	Facebook**	350 億美元	7,700 億美元	5%	2%	16%
9	路易威登（LVMH）***	320 億美元	3,100 億美元	10%	7%	20%
15	Nike	340 億美元	2,200 億美元	15%	8%	15%
18	SAP	280 億美元	1,520 億美元	18%	7%	12%
27	Adobe	180 億美元	2,400 億美元	8%	24%	41%
28	愛馬仕	180 億美元	1,110 億美元	16%	9%	19%

Interbrand 2020 年「全球最佳品牌」排名	企業	品牌價值	總市值	品牌價值／總市值	品牌價值增長率（2016 至 2020 年均）	股價增長率（2017 至 2020 年均）
41	Netflix	130 億美元	2,380 億美元	5%	31%	39%
50	愛迪達	120 億美元	680 億美元	18%	11%	13%
58	Salesforce	110 億美元	2,040 億美元	5%	27%	37%
60	PayPal	110 億美元	2,840 億美元	4%	21%	38%
15 間公司的平均				11%	16%	27%

* 包含 YouTube（品牌價值 173 億美元）為 1,823 億美元

** 包含 Instagram（品牌價值 261 億美元）為 610 億美元

***包含迪奧（品牌價值 60 億美元）、軒尼詩（品牌價值 51 億美元）、併購中的 Tiffany（50 億美元）為 481 億美元

軟體品牌價值持續上漲

2019 年與 2020 年全球最佳品牌前十大企業幾乎沒有變化，但是蘋果、Amazon、微軟、Google、Facebook 等新經濟產業大幅成長，可口可樂、麥當勞等舊經濟企業的品牌價值卻持續下滑。

榜單前五大品牌都是科技巨擘，三星電子正式來說雖然排行第五，估算 Facebook 若包含 Instagram 在內排行第六，但是若將 Messenger、WhatsApp 全部納入的話將會排名第五。新冠肺炎成為契機，使雲端等 IT、軟體服務成為我們生活的重心，除了科技巨擘以外，Adobe、Netflix、Salesforce、PayPal、SAP 等新經濟企業的品牌價值將會持續上漲。全球最大精品品牌企業 LVMH 的品牌價值為 320 億美元，如果將 LV 以外的迪奧、軒尼

詩、Tiffany 全部包含在內的話，品牌總價值為 481 億美元，佔比總市值的 15％。

韓國品牌中保持全球第五的三星，潛力非常優秀，不但超越 Toyota，還成為亞洲第一品牌。雖然跟蘋果差距甚遠，但是 Galaxy 系列智慧型手機是三星品牌的核心。現代汽車的品牌價值為 145 億美元，佔比總市值 34％，位居全球汽車業者中的第五名。鄭義宣會長投注心力重新邀請前奧迪、福斯、藍寶堅尼、賓利首席設計師盧克·唐克沃克（Luc Donckerwolke）擔任 CCO（chief creative officer），為現代汽車的設計帶來劃時代的升級。

LG 則無法擠進全球百大品牌行列，慢性虧損的智慧型手機成為致命傷，以 LG 目前的競爭力來說，在智慧型手機市場上已無立足之地，可以看出光仰賴家電，要培養品牌仍具有侷限性。

Interbrand 每年會公布「韓國最佳品牌」排行，其中身為 game changer（遊戲規則改變者）的品牌非常有趣。這些非上市公司以數位轉型作為武器，掠奪了新世界、E-mart、樂天、現代百貨、重點銀行、教保文庫等傳統大公司的品牌價值。

Coupang（綜合商城）、宅配的民族（外送 O2O）、Toss（FinTech）、Market Kurly（食品商城）、Yanolja（旅遊／住宿平台）、Musinsa（時尚商城）、Zigbang（不動產平台）、Socar（汽車共享）、Ridibooks（電子書／訂閱）、Wadiz（募資）就是所謂的 game changer 品牌[5]。

Musinsa 的名字取自於韓文「擁有超多鞋子照片的地方」（무지하게 신발 사진이 많은곳），是韓國第一大時尚線上商城，超國七百萬名會員中，十至二十歲用戶佔比超過 70％，Musinsa2019 年獲得美國優良風險投資公司──紅杉資本 2000 億韓元投資時，企業總市值為 2 兆 2,000 億韓元，而目前新世界的總市值為 2 兆 3,6000 億韓元、樂天購物為 2 兆 8,900 億韓元，

現代百貨為 1 兆 5,700 億韓元。

　　Musinsa 起源於一位非常喜歡鞋子的高三生 2001 年在網路社群上，為球鞋迷所創立的同好會，會員們會彼此炫耀球鞋，分享後記與資訊。2 兆 2,000 億韓元的價值並不單純只是因為線上商城，而是它被看好有望成為提供時尚內容與趨勢等資訊的亞洲時尚平台。

　　新世界、樂天、現代百貨在全盛期時，以位在地鐵旁又大又帥氣的商場為最佳利器，但是僅僅二十幾歲的 Musinsa 卻得以在沒有賣場的狀態下，追趕著傳統的大企業。Musinsa 的年銷售額（交易金額）增加 50％，預計 2020 年將達到 1 兆 4,000 億韓元。喜歡與眾不同的設計和高「性價比」的十至三十歲用戶是忠誠度非常高的客戶層[6]。

Nike 與愛迪達的成長、Zara 與 H&M 的衰退

　　在服飾／鞋子產業中，Nike 與愛迪達正在成長中，而西班牙的 Zara 和瑞士的 H&M 等快時尚品牌正在衰退。Nike 過去四年來，品牌價值年增 8％，現在以高達 340 億美元的品牌價值引以自豪，並且過去三年來，股價每年也成長了 15％。

　　Nike 從 1990 年就以「Just do it」作為標語，透過這個讓人充滿成就感的口號，成功樹立了品牌的存在感。相較之下，愛迪達的品質雖好，但是卻被認為缺乏酷炫的元素。不過愛迪達從過去幾年開始，換掉設計師後，消費者反應轉好，過去四年來品牌價值每年上漲 11％，目前的品牌價值為 120 億美元，還有許多成長空間。此外，愛迪達的股價過去三年來，每年也上漲了 13％。

　　麥肯錫每年公布的時尚服飾企業經濟利潤（economic profit，會計帳面

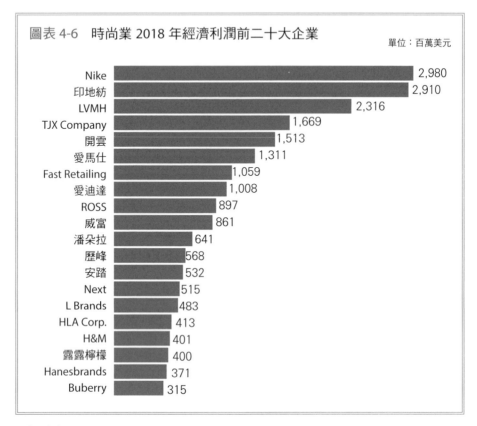

圖表 4-6　時尚業 2018 年經濟利潤前二十大企業

單位：百萬美元

Nike	2,980
印地紡	2,910
LVMH	2,316
TJX Company	1,669
開雲	1,513
愛馬仕	1,311
Fast Retailing	1,059
愛迪達	1,008
ROSS	897
威富	861
潘朵拉	641
歷峰	568
安踏	532
Next	515
L Brands	483
HLA Corp.	413
H&M	401
露露檸檬	400
Hanesbrands	371
Buberry	315

出處：麥肯錫

利潤扣除使用的資本總和後得出的利潤）規模排行中，Nike 排名第一，而愛迪達排名第八，這兩家運動品牌擠進了前十名，前十名中也包含了 LVMH、開雲、愛馬仕三家奢侈品品牌（香奈兒因先前沒有公開財務報表故除外）。Zara 母公司印地紡保住第二名的位置，但 H&M 卻下跌至第十七名[7]。Interbrand 指出，2020 年 Zara 的品牌價值下跌 13％，H&M 則下跌 14％。Zara 從 2018 年品牌價值下跌後，已經連續三年走跌。H&M 的狀況則更惡劣，不但品牌價值陡降，存貨比率也非常高。

聯合國環境署（UNEP）曾警告：「服飾廢棄物的回收再利用率不到 1％。如果大部分的仍維持直接丟棄的傾向，那麼 2050 年的全球碳排放量有四分之一將來自於時尚業」。時尚業的碳排放量比飛機和船舶加起來還高，ESG 意識較高的千禧世代跟過去比起來，在購買快時尚產品時也更加慎重。隨著趨勢發展，預計 Zara 和 H&M 等快時尚領頭企業的品牌價值將會持續下跌 [8,9]。

用大規模研發築起進入壁壘的企業

研發規模巨大的 IT 服務、硬體、生技製藥業

　　暢銷著作《從 0 到 1》的作者、也是 Facebook 首位投資人彼得·提爾（Peter Thiel）主張「避免競爭、建立壟斷」[10]。他說：「失敗者才談競爭，一般大眾認為資本主義跟競爭屬於同一種概念，但實際上是相反的。記得，所有傑出企業都來自壟斷」。

　　1999 年身為 FinTech 先驅 PayPal 共同創辦人的提爾，是矽谷最具影響力的領袖之一。2000 年代初期，提爾曾和馬斯克一起在 PayPal 擔任 CEO、最大股東兼顧問。2002 年 eBay 收購 PayPal 寫下美好的結局，但二十年後的兩人卻成為矽谷裡著名的競爭對手[11]。

　　2015 年訪問韓國的提爾說：「偉大的企業不會參與競爭，握有壟斷性地位的企業才是偉大的企業」。他以 Google 作為例子說道：「Google 是壟斷全球（除了韓國等部分國家以外）搜尋引擎的企業，過去十三年來 Google 寫下佳績並大量獲利」[12]。Google 的控股公司 Alphabet 2019 年投入 260 億美元在研發上頭，佔比銷售額 16％。Alphabet 的目標是維持高達 92％搜尋引擎的市佔率，並且引領自動駕駛、AI、健康照護等未來的核心領域。

　　除了 Google 以外，Amazon、Facebook、微軟、蘋果也以優秀人才與高

達數百億美元的研發預算作為武器，在自家領域上獨佔鰲頭。IT 領域上與美國脫鉤的中國也一樣，阿里巴巴在電商市場的市佔率為 56％，百度在搜尋引擎的市佔率為 76％。

此時此刻仍然有大量的優良企業，正透過研發投資追求「創造性壟斷」，實踐著提爾的論點。IT 服務、硬體、生技製藥、汽車產業的研發投資規模特別大，這些產業中的領頭企業每年都投資數百億美元在研發上，以確保未來的成長動能，使其他公司無法迎頭趕上，築起產業的進入壁壘。

像羅氏、默克這類的生技／製藥公司，研發的支出佔比銷售額非常之高。福斯、戴姆勒、賓士、Toyota 等汽車業者除了設備投資以外，每年的研發投資也高達幾十億美元以上。福斯五年前還曾經是全球第一大研發投資企業。內燃機的成長性下滑，但是資金需求量大，因此汽車業者不得不承受利潤的壓力。

圖表 4-7　各產業的四大研發投資企業

排名	生技／製藥	汽車	IT 服務	IT 硬體
1	羅氏	福斯	Amazon	三星
2	嬌生	戴姆勒	Alphabet ／ Google	華為
3	默克	Toyota	微軟	蘋果
4	諾華	福特	Facebook	思科

出處：歐洲聯盟委員會（EU Commission）

麥肯錫指出，2019 年全球研發投資額高達 2 兆 3,000 億美元，其中有一半用在政府、學校，其餘則是由民間主導，其中全球百大企業的投資額就佔了全球民間研發投資的一半。有部分上市公司以研發投資額佔銷售額比率之

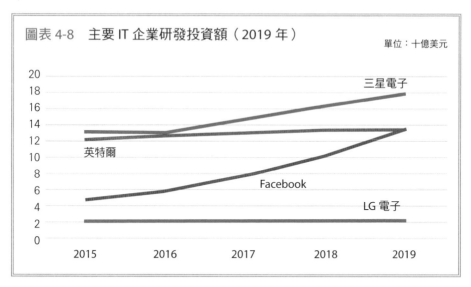

圖表 4-8　主要 IT 企業研發投資額（2019 年）

單位：十億美元

三星電子

英特爾

Facebook

LG 電子

出處：各家公司

高而引以為傲，但是研發的核心重點在於研發的實際投資金額和縝密的規畫。

　　韓國研發投資以佔比 GDP 來說，與以色列不相上下，互相角逐著全球第一、第二的地位，但問題在於，實際投資額方面韓國排行世界第五，而且高度仰賴三星電子。研發規模可以擠進全球五十大的韓國企業僅有三星電子，這就是韓國所面臨的現實。

　　為了讓研發預算可以達到新產品開發與強化核心力量的效果，公司需要縝密的計畫。唯有技術改革可以使企業價值增加的共識形成時，研發才可以達成整體公司的使命。

用鉅額研發投資建立「顯著差距」的企業們

　　2019 年三星電子研發投資額佔比銷售額 6.4％、LG 電子 3.8％，但是兩間公司在研發上支出的金額卻有八倍以上的差距，因為 2019 年三星電子的銷售額是 2,000 億美元，壓倒性勝過 LG 電子的 563 億美元。2019 年三星電子在研發上就足足花了 180 億美元，繼 Amazon 和 Alphabet 排名世界第三。歐洲聯盟委員會也公布，IT 硬體領域上，三星電子超越蘋果與華為，成為第一大研發投資公司。三星電子 2019 年取得韓國國內專利 5,075 件、美國專利 8,729 件，目前手上擁有全球超過十八萬件的專利。研發是三星電子得以遙遙領先成為業界翹楚的基礎。英特爾研發投資金額為 120 至 130 億美元，幾年來止步不前的投資，也與近期英特爾競爭力衰退不無關係。長期以來坐擁半導體業寶座的英特爾，在伺服器／ PC 用 CPU 市場上，受到 AMD 猛烈追趕。在英特爾較弱的手機半導體方面，輝達則透過收購 ARM 的企圖，更進一步拓展自己在半導體市場上的影響力。（編按：2020 年 2 月收購破局。）

　　我們必須關注到，Facebook 四年來研發投資增加 182％，2019 年投資 136 億美元的 Facebook，輕鬆擠進全球前十五名。全球最大額的研發投資企業，都集中在軟體企業佔大部分比例的 IT 服務業裡。Alphabet 2019 年投資了 260 億美元，排名世界第二。

　　像 Alphabet 與 Facebook 這類的平台企業，目前正以高達 15 至 20％的研發投資建立與其他公司之間的「顯著差距」。Amazon 的研發投資更壓倒性地拿下第一名寶座（雖然其中包含一部分的內容投資），2019 年 Amazon 支出了 359 億美元進行研發投資，金額在三年內增加了兩倍以上。由於貝佐斯不喜歡以高價進行併購，所以更側重於培養自家公司的研發能力。平台企業

目前專注在 AI、雲端、物聯網（IoT）等未來產業的研發投資之上。

花費 162 億美元投資健康照護、擴增實境、自動駕駛的蘋果

2019 年蘋果投資 162 億美元在研發上，跟事業組合更多樣化的三星電子僅有 18 億美元之差。這段時間以來，股東們不滿蘋果花太多研發費用在 iPhone、iPad 等 IT 裝置的升級之上，但是最近一年來，蘋果的研發做出了亮眼佳績。

2020 年 11 月，蘋果發表了搭載自家開發之 M1 半導體的 MacBook 系列，不僅性能方面大幅提升，電池效能最大可達三倍的優化。蘋果過去十五年來都使用英特爾的晶片，但可能是基於未來要搭載 AI 的考量，開始自行開發半導體。當然，蘋果並不直接生產半導體，而是委託晶圓業排名全球第一的台積電代工。

蘋果的專利清單中，以 Apple Watch、AirPods 等穿戴式設備為主，目前研發則專注在健康照護／健身、擴增實境（AR）／虛擬實境（VR）、應用機器學習之自動駕駛上。蘋果確實對開發自動駕駛汽車感興趣，但是不可能會投資佔比營業利潤率 20％、但收益性卻只有四分之一的汽車硬體生產，蘋果是以增加服務銷售額的平台作為出發點。Alphabet 2020 年也以 21 億美元收購智慧型手錶業者 Fitbit，投入穿戴型裝置市場。

從庫克經常提及健康照護看來，蘋果可能將以十億用戶的生態鏈為中心，展開與高血壓、心臟疾病、紫外線偵測等健康相關的「服務」。蘋果以忠誠度極高的顧客為基礎，維持著與其他公司的顯著差距。

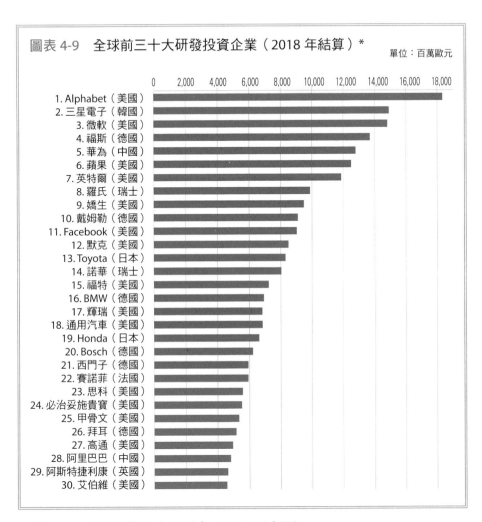

圖表 4-9　全球前三十大研發投資企業（2018 年結算）*

單位：百萬歐元

1. Alphabet（美國）
2. 三星電子（韓國）
3. 微軟（美國）
4. 福斯（德國）
5. 華為（中國）
6. 蘋果（美國）
7. 英特爾（美國）
8. 羅氏（瑞士）
9. 嬌生（美國）
10. 戴姆勒（德國）
11. Facebook（美國）
12. 默克（美國）
13. Toyota（日本）
14. 諾華（瑞士）
15. 福特（美國）
16. BMW（德國）
17. 輝瑞（美國）
18. 通用汽車（美國）
19. Honda（日本）
20. Bosch（德國）
21. 西門子（德國）
22. 賽諾菲（法國）
23. 思科（美國）
24. 必治妥施貴寶（美國）
25. 甲骨文（美國）
26. 拜耳（德國）
27. 高通（美國）
28. 阿里巴巴（中國）
29. 阿斯特捷利康（英國）
30. 艾伯維（美國）

* 由於 Amazon 的內容投資也包含在研發中，所以從統計中剔除。
出處：歐洲聯盟委員會

第 **5** 課

應該避開的地雷公司

地雷公司會在哪裡露出馬腳？

蓋奢華大樓的企業

　　華爾街有著「新大樓的詛咒」（curse of the new HQ）一說，指一間應該集中全力提升企業價值的公司蓋了一座豪華的企業總部時，千萬要當心，這表示公司經營團隊的焦點不夠集中，分散了整體公司的力量。韓國財經史也經常可見公司開始過度收購大樓或與本業無關的房地產、高爾夫球場、飯店，最後面臨倒閉的情況。

　　過去曾是汝矣島地標的雙龍投資證券大樓，是雙龍集團創辦人金成坤會長三兒子金錫東社長灌注心血在 1995 年竣工的頂尖企業大樓。但是現在屋主換人，招牌上掛的是「新韓金融投資」。有別於其他建築的特殊結構，當時甚至有人說，新進員工進到排名財經界第七的雙龍集團，見證了公司的實力。但不過三年後，雙龍投資證券就因為遇到資金問題，沒有選擇之下，只能將大樓賣給外資，1999 年的時候，連雙龍投資證券都被賣給了美國的私募基金。

　　外國投資人訪問韓國企業的時候，面對沾沾自喜的社長說著：「我們公司最近賺了不少錢，正在蓋新大樓，請您明年務必要再來訪」時，總是不禁皺起眉頭。三十年前外資走訪位於乙支路的東國製鋼和位在光化門的江原產業時，往往興奮不已，因為當他們看到狹窄的樓梯上已經三四十年的舊式建築，就可以感受到不隨意浪費金錢的企業文化。

　　關於公司大樓，最沒良心的案例就是企業進駐老闆個人名下大樓成為租客，支付高於市價的租金。當然，當企業規模擴大時公司會需要大樓，持有

大樓也有很多優點，不僅可以讓員工感覺體面，若空間運用得當的話，溝通也會變得更加活絡，生產力也會更上一層樓，不過一定要小心金玉其外、敗絮其中的情況。

　　美國也有很多蓋大樓過度張揚、幾年後公司走上倒閉或衰亡之途的案例。2008 年金融危機被出售給摩根大通的貝爾斯登（Bear Stearns），也曾在 2002 年耗資 3 億美元進駐位於曼哈頓的新大樓，短暫地炫耀一番。另一個類似的案例是與 Google 競爭落敗，於 2017 年被 Verizon 收購的雅虎。2008 年微軟提議的收購案被雅虎創辦人楊致遠拒絕而告吹，雅虎為了重振公司低迷的氣氛，在矽谷蛋黃區蓋了總部大樓，但是公司士氣持續衰落，進駐短短六年後，雅虎面臨必須賣掉公司的窘境。從微軟的收購提案一直到 2017 年被 Verizon 收購，這九年之間雅虎的股價約下滑了 90％。美國知名大眾傳媒公司《紐約時報》也因超過能力所及在曼哈頓重點地區建造五十二層樓的大型總部，2007 年完工後兩年因公司面臨資金困難，以不到投資金額（8 億 5,000 萬美元）的半價售出，現在以租客身分進駐同一間大樓。

擁有韓國最美企業總部的愛茉莉太平洋

　　位在龍山的愛茉莉太平洋總部，是英國世界級建築師大衛·基帕菲特（David Chipperfield）的作品，據說他的靈感來自於白瓷罐端莊典雅又簡潔的形象。2017 年基帕菲特說：「徐慶培會長希望新的總部大樓不只是一個工作空間，還能為地方社會帶來貢獻，我非常認同他的想法」。

　　走訪愛茉莉太平洋總部時，會為建築物的美學與開放感而讚嘆不已。從 2014 年公司的公告中可以看到，這棟建築三年來投資了 5,200 億韓元（約 4.7 億美元）於 2017 年完工。5,200 億韓元是佔比股東權益 20％的鉅款，如

圖表 5-1　愛茉莉太平洋龍山總部

果再加上購買土地與稅金等附加費用，蓋大樓的花費又更高了。

我不確定這是不是偶然，但愛茉莉太平洋在 2016 年創下史上最高 8,481 億韓元（約 7.7 億美元）營業利潤後，連續四年來收益正在急速下滑當中。韓國第一間金融資訊公司 FnGuide 指出，分析師預估 2020 年愛茉莉太平洋的營業利潤僅有 1,918 億韓元（約 1.71 億美元）。不知道是不是因為失去了初衷，龍山新總部計畫成為經營成績的轉捩點。

新上任的金升煥代表在 2020 年 12 月舉辦的座談會上表示「我會放掉線下資產」，預告公司未來的變化。2017 年化妝品業開始數位化，（特別是中國）大幅轉為精品化，而愛茉莉太平洋沒能來得及應對。競爭對手 LG 生

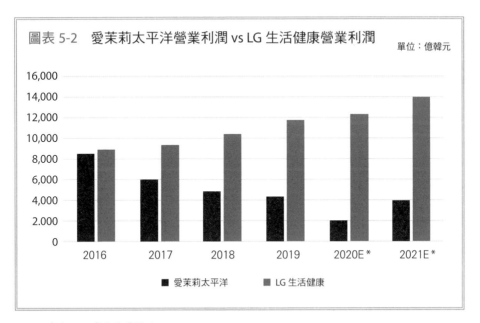

圖表 5-2　愛茉莉太平洋營業利潤 vs LG 生活健康營業利潤

單位：億韓元

* 2020 年與 2021 年的共識預測
出處：各家公司

活健康每季都在刷新利潤，2020 年更創下高出愛茉莉太平洋六倍的營業利潤。

　　愛茉莉太平洋需要瘦身，它的有形資產佔總資產的比重高達 44％，而海外競爭對手資生堂為 26％、萊雅 8％、雅詩蘭黛 13％，有形資產中也包含了大樓等不動產。2021 年愛茉莉太平洋開始加強品牌形象並轉型數位化，將透過減少一百七十家 Innisfree 中國賣場等方式以減少固定費用，期待愛茉莉太平洋的經營團隊日後的轉變。

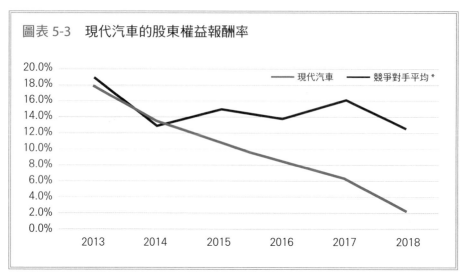

圖表 5-3　現代汽車的股東權益報酬率

* 競爭對手平均指日本、歐洲、美國代表性汽車業者的平均值
出處：埃利奧特管理公司

投標韓國電力佔地的現代汽車集團

　　韓國新總部大樓相關的最大事件，發生在 2014 年的首爾三成洞。現代汽車集團為了建造全球商務中心（GBC），花費 10 兆 6,000 億韓元（約 963 億美元）買下韓國電力的佔地，價格溢價高出鑑定價 3 兆 3,000 億韓元（約 300 億美元）的 217%，高達三星電子所提出之第二高投標價的兩倍。公布買進土地的隔天，現代汽車、起亞汽車、現代摩比斯的股價分別下滑了 8 至 9%。

　　現代汽車集團相關人士指出，預計 2027 年可進駐的 GBC 總共一百零五樓，除了辦公室以外，還包含了住宿與文化展演空間等設施。對股東來說，萬幸的是現代汽車集團不打算自行開發，而是將方向轉以吸引主權財富基金、年金等外部投資人共同開發 GBC。2019 年 5 月鄭義宣會長表示：「雖

然三成洞佔地的未來價值高昂，但是為了致力於作為集團核心事業的汽車產業，我們將成立特殊目的公司（SPC），吸引投資人共同開發」。2020 年底開始，鄭義宣會長體制成為熱門話題，將原有的一百零五樓建案改成兩到三棟五十至七十樓建築的提案，在追求實際利益的層面來說是很不錯的選擇。

但也有人說，地皮買入的價格過高，不符合盈利效益，不容易吸引外資。諷刺的是，現代汽車於 2014 年標到韓電佔地之後，股東權益報酬率就開始陡降，2019 年宣布共同開發 GBC 之際，收益性更落到了低點。

大量舉債的企業

羅傑斯投資的大韓航空

2009 年在新加坡政府的邀請下，讓我有機會和全球三大投資人之一的吉姆‧羅傑斯（Jim Rogers）夫婦一起共進晚餐。當時新加坡很積極要發公民權給擁有永居權的專業人士，因此才招待了幾位包含我們夫妻在內居住在當地的外國人和伴侶。

羅傑斯 2007 年從美國舉家移民到新加坡，引發熱議。當時他認為「亞洲的時代」即將來臨，他希望當時還是小學生的兩個女兒可以學習中文，並熟悉中國人的思考方式和生活習慣，但北京和上海因空污問題嚴重，所以不在考慮範圍內。

羅傑斯家族的新加坡之行之所以會引發話題，是因為 1970 年代他與喬治‧索羅斯（George Soros）共同經營量子基金（Quantum Fund）創下了空前絕後的佳績。從 1969 年開始，他們在十年內使營業報酬率上看 4,200％，兩人就此成為華爾街的傳奇。羅傑斯三十七歲的時候宣布引退，他環遊世界數次，其中包含共產黨當政的中國在內，還曾登上金氏世界紀錄。

當天晚上在新加坡酒店的餐廳裡，話題圍繞在羅傑斯的旅行故事。曾就讀耶魯大學和牛津大學的他，歷史、文化等知識廣博，思想非常前衛。我還記得他書中的一句話說道，「想要在投資上取得成功，就學歷史吧，歷史會告訴你，這個世界一直在改變」。因為我們夫妻倆是韓國人，話題轉移到韓

國的時候，他大方分享了在韓國市場看到蠱蛹和蜈蚣的故事，逗得全桌哈哈大笑。

2019 年在韓國出版的《世界最刺激的國家》（暫譯）一書中可以看出，羅傑斯認為韓國是亞洲最具魅力的國家，他認為南北韓如果統一，包含低出生率與高齡化等韓國經濟現有的問題，全都會被解決。

韓國股票中，他持有指數型基金（ETF）與大韓航空的股票，他說「持有大韓航空是因為他看好韓國觀光產業具有前景，反之，代表韓國的三星（電子）股票反而沒這麼有吸引力」。

債務過多的企業股價難以上漲

羅傑斯持有的大韓航空，過去兩年來變化甚大。雖然說新冠肺炎使全球航空公司都陷入困境，但是大韓航空 2020 年與 2021 年都跟股東伸手要錢。2020 年進行了 1 兆 1,269 億韓元的有償配股，2021 年初又以收購韓亞和債務償還為由，正在推動 2 兆 5,000 億韓元的增資。

重視基本面的投資人並不喜歡有償配股，優良企業是不會進行增資的。萬一羅傑斯不認同這兩次有償配股的目的，而不參與增資，那麼他的大韓航空未來收益與配股的權利，相對於兩年前，將被稀釋 73%。

2020 年股東參與大韓航空有償配股所繳交的資金，推測是借給了經營不善的美國當地法人韓進國際。2020 年 7 月大韓航空收到以「償還債務」為由所進行的 1 兆 1,269 億韓元有償配股資金，兩個月後的 9 月，便將 1 兆 1,154 億韓元借給韓進國際，1 兆 1,154 億韓元佔比大韓航空股東權利的三分之一。

韓進國際是大韓航空 100％持有的子公司，在美國經營威爾希爾格蘭德

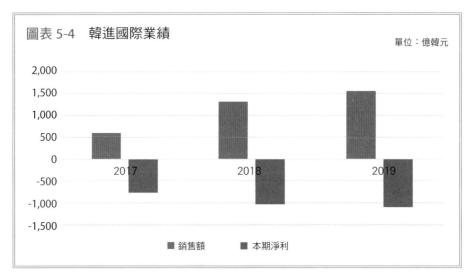

圖表 5-4　韓進國際業績

單位：億韓元

出處：大韓航空

酒店與大樓租賃事業，但是從新冠肺炎之前，韓進國際每年都產生 1,000 億韓元以上的虧損，2020 年第三季還發生 3,924 億韓元的資產價值減損，想當然，這筆虧損也被反映在大韓航空的財務報表之上。

　　韓進國際 2019 年才好不容易用 1 兆 5,000 億韓元的總資產，創造了 1,604 億韓元的銷售額。正常企業的銷售額應該是總資產的 70 至 100%，但韓進國際卻僅有 10%。估計子公司的債務要全部由大韓航空擔起責任。

　　大量舉債的國家或企業往往會以悲劇收場，個人也一樣，如果債務過多，不要癡心妄想著償還本金，只能借錢償還利息。像大韓航空和韓亞航空這種債務過多的企業，在清償債務之前，股價不可能上漲。韓亞航空由於債務過多，實際上已經毫無股東價值了。

做內需生意的企業

大韓民國的民眾是內需市場的客人

　　比爾‧蓋茲曾指出：「人們對於兩三年後將發生的小事反應過度，對十年後要發生的劇烈變化過於遲鈍」。技術革命與社會結構的變化改變了投資的模式。在韓國，人口減少、高齡化、電商拓展是這段時間以來的變化趨勢，隨著變化加速，股價會不斷反映出十至二十年後大韓民國的未來。

　　從中長期來看，人口會成為影響股市的變數。人口代表了內需市場的規模大小，人之於公司而言是核心的資產。除戰爭等特殊情況以外，韓國是史上第一個半個世紀以來新生兒數量銳減 70％ 以上的國家，更可怕的是，新生兒數量減少的比率還在快速增加。2020 年也減少了 11％ 左右，2020 年的結婚登記數量創下 1981 年開始統計以來的最低值。

　　年輕人因對未來感到擔憂，不敢結婚也不生小孩。低出生率使經濟活動人口減少、消費萎縮，進一步威脅到了內需市場的基本盤。2040 年開始，老人會佔總人口的三分之一（六十五歲以上），韓國人的消費模式是從五十歲開始減少消費，六十歲的時候消費行為會大幅縮減。消費、零售、通訊、金融等內需企業的股價已經開始反映著這種趨勢，不以出口為目標、轉為多元化的內需企業，股價未來會受到更嚴重的打擊。

　　普遍來說，當一個國家成為已開發國家時，經濟結構 GDP 的消費佔比會自然增加，美國 GDP 中民間消費佔比高達 68％、英國 65％，比例非常

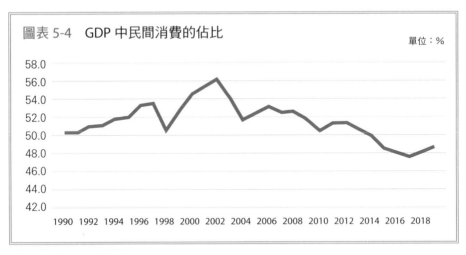

圖表 5-4 GDP 中民間消費的佔比

單位：%

出處：韓國銀行，國民帳目

高，而日本（55％）、德國（52％）、法國（54％）等其他先進國家也都有
50％以上。過去五十年來，美國受惠於資本主義和市場經濟起飛，人均所得
增加兩倍以上，而民間消費更增加將近三倍。偏好儲蓄勝過消費的德國，民
間消費比重也超過50％。

　　但是韓國GDP中民間消費的佔比從2002年達到56％高點後，就一直
持續下滑，最近還下跌至48至49％左右。通常經濟越成熟，投資比重會降
低，而民間消費比重會增加，但是韓國卻出現民間消費與投資比重同步減
少，政府佔比反而增加的畸形狀態。2020年受到新冠肺炎影響，個人消費
變得更少，儲蓄反而出現增加的情況。民間消費會萎縮，就是基於對於未來
的不安全感和家庭負債所致[1]。

　　醫療、教育、零售、通訊、金融等以內需市場作為目標客群的企業，
顧客的數量早已決定，也就是大韓民國的人口數量。新生兒比去年減少
11％，死亡人數又增加，使2020年成為韓國人口出現自然減少的第一年。

1960 年代，每年都有一百萬名新生兒。1980 年代下跌至八十萬名，2000 年代初期跌至六十萬人以下，接著便開始陡降。2010 年還有四十七萬名，但 2020 年卻僅剩下二十七萬人 [2]。

「人口斷崖」固然是問題，但想婚的年輕人減少的情況也很嚴重。韓國統計處指出，「主要結婚年齡層中的三十歲女性人口持續減少，因新冠肺炎影響導致婚禮延期，也可能造成新婚登記數量的減少」。

我先前擔任外部董事的 M 公司，幾年前把總部遷移到了板橋。代表理事的理由是，想要吸引 IT 領域的工程師進駐，研究所就必須位在首都圈，這體現了人口變化所導致的社會問題。首爾大學保健研究所的趙永泰教授曾在二十五至三十四歲人口 56％ 集中在首都圈的現象中，尋找超低生育率的起因，也就是說青年人口過度集中在首都圈。他解釋：「人類出現以來有兩項從未消失過的本能──生存與再生。（人口）密度過高使人與人之間競爭過大的時候，人們會選擇兩項本能中的哪一項呢？當然是生存」。數十年來，人口與資源都集中在首都圈，要到首爾才等同於成功的價值觀造成了當今這個超低生育率的社會 [3]。

韓國與日本雖然大量製造產品出口，但是兩個國家在社會方面都還未開放。韓國人的思考相對較有彈性且能接受變化，但是跟日本一樣，都是世界少見的單一（homogeneous）民族國家。新加坡和香港這類的城市型國家，雖然引進了很多外來人口，但年輕人也大量進軍海外。

韓國想要擺脫世界最低生育率與高齡化造成人口自然減少的唯一路徑，就是接受外國人。如果韓國社會可以像美國、加拿大、英國、新加坡一樣，向外國人敞開心房，就可以吸引各式不同的想法、新的商業模式與資金。但是四五年前，延世大學以數百名外國學生為對象進行的就業訪談結果發現，這是一件難以達成的事。

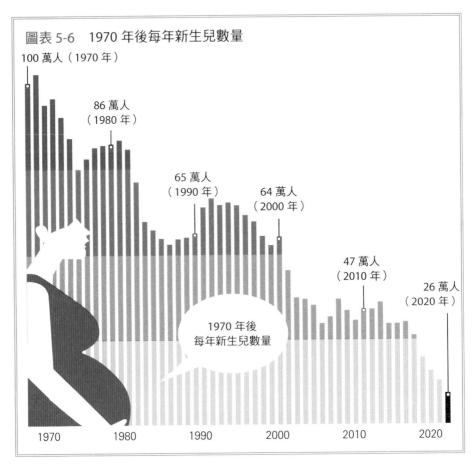

圖表 5-6　1970 年後每年新生兒數量

100 萬人（1970 年）

86 萬人
（1980 年）

65 萬人
（1990 年）

64 萬人
（2000 年）

47 萬人
（2010 年）

26 萬人
（2020 年）

1970 年後
每年新生兒數量

1970　　1980　　1990　　2000　　2010　　2020

出處：《朝鮮日報》

　　雖然韓國企業高喊著全球化，但是實際上卻依然保持著韓國式的做事方法。就算韓文很好且非常熟悉韓國的外國人，也表示難以適應韓國企業。可惜我們沒有防堵人口斷崖的方法，也難以轉型走向與外國人共同生活的社會。建議大家在投資的時候，一定要考慮內需市場的侷限性。

數位轉型失敗的話，前途將一片黑暗

我們社區裡的小型樂天超市不久前倒閉了，平常客人本來就不多，我早已有預感這間店的收益性並不太好。韓國國內的零售業者過去幾年來非常辛苦，一蹶不振的股價也反映出了這個情況。二十至三十歲的客戶層因為就業困難，即便成功就業，所得也不高，債務又多，所以在消費上很節制。而四十歲以上的人，因為平均壽命延長而感到擔憂，在消費上也很克制。更何況 Coupang、NAVER、Kakao 等以手機線上服務為主的新興零售平台業者正在快速蠶食著市場。

擁有韓國最大零售履歷的樂天集團，2020 年創下史上最差業績，2020 年初宣布，樂天五年內將會收掉七百家賣場中 30％（約兩百多家）的賣場，但由於業績衰退，當初安排好的日程大幅提前到了兩年內，樂天集團也宣布，將減少 20％的員工數量。這種政策雖然可以達到降低支出並使組織繃緊神經的效果，但是跟百貨公司、大型超市、小型超市、便利商店等巨型零售鏈的數位化毫不相干。樂天新推出的樂天 ON，也沒有帶來顯著效果。

樂天購物十年前的總市值超過 12 兆韓元，現在僅剩下 2 兆 8,900 億韓元。這段時間以來，除了樂天購物以外，還有新世界、現代百貨的總市值都已經轉移至電商業者之上。Coupang 早已遙遙領先，Market Kurly、Musinsa 等公司的總市值也正在趁勝追擊。如果無法成功轉型，這些公司的總市值將會越來越低。

2020 年 12 月，包含辛東彬會長在內，樂天一百五十人的經營團隊一起去聽了 Market Kurly 創辦人 Sophie Kim 的演講，擁有領先三十五年零售業經驗的樂天，向 2014 年創辦的線上零售新創業者學習。Sophie Kim 代表傳遞了「我們最大的目標是要獲得顧客信賴」的訊息[4]。「凌晨配送」鬥士

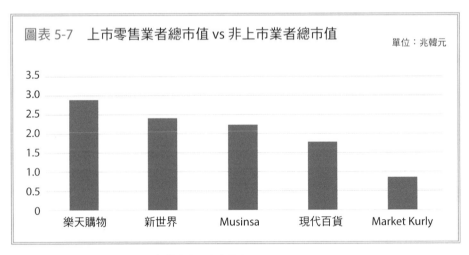

圖表 5-7　上市零售業者總市值 vs 非上市業者總市值

單位：兆韓元

* 此為 Musinsa 和 Market Kurly 近期籌資時的企業價值

Sophie Kim 代表的演講，對本身就對經濟與經營感興趣的人而言，並沒有什麼特別之處。她的演講內容只要上網搜尋都可以輕鬆找到，並且和 Amazon 創辦人貝佐斯創業後每天都在呼籲「不要在意競爭對手，把重點投注在如何讓顧客滿足」的觀點不謀而合。想要改變組織的體質，與其聽 Sophie Kim 的演講不如直接使用手機 app，每天親自「體驗」線上強者們提供的平台服務，應該會更加有效果吧。

不久前我第一次使用了「KakaoTalk 送禮物」功能，當時我感覺，傳統的零售業者基本上不可能贏過像 Kakao 和 NAVER 這種平台業者。我有參加一個離職員工社團，但由於社交距離規範加強，年底無法聚會，我提出了送禮物給會員的想法，正當我們在苦惱要怎麼收集六十位會員的地址時，年輕的總務提議使用 KakaoCommerce 的「送禮物」，只要在 app 上各式各樣的禮物中做好選擇，在利用 KakaoTalk 寄出，非常簡單且方便。「KakaoTalk 送禮物」裡也有精品禮物館，2020 年精品交易額比前一年增加超過兩倍，

高達 2,400 億韓元。我們變得漸漸越來越依賴這個所有人都可以輕鬆使用的 KakaoTalk 手機平台。

學習沃爾瑪的起死回生

　　人不太容易改變，由人所營運的組織也不太容易改變，但如果想要成功轉型，人跟組織都必須改變。國內外的 CEO 指出，人才問題才是數位創新的最大關鍵。但即便雇用了數位人才，工作條件也變得更加有彈性，可是過去的組織 DNA 仍然揮之不去，成為整間公司數位創新的絆腳石。

　　選擇像沃爾瑪一樣，進行外部企業的併購策略，雖然花費比較貴，但可能會帶來好的成果。像 Nike、萊雅、雅詩蘭黛、LVMH、開雲一樣，能夠以大數據為基礎提前預知顧客需求，在產品差異化上取得成功的案例並不常見。Nike 則是先聲奪人在線上零售方面下苦工，一直到開始有信心之後，2019 年才通報 Amazon 終止合作。

　　沃爾瑪 2020 年第二季電商銷售額比前一年增加 97％，第三季也增加了 79％。僅次於穩坐美國電商交易市場霸主的 Amazon（市佔率 39％）之後，排名第二（6％）。雖然分析家預測 2019 年光電商交易就會發生 10 億美元以上的虧損，但是華爾街卻在為沃爾瑪的數位轉型歡呼，同樣也反映在股價之上。

　　沃爾瑪 2016 年花了高達 33 億美元收購被稱為「Amazon 殺手」的電商業者 Jet.com。除此之外，沃爾瑪還收購了好幾個電商業者，總共花費 40 億美元左右在併購之上。收購後，沃爾瑪善用線下商店加強推動「全通路行銷」（Omnichannel），成為它在電商交易成功的關鍵。

　　新世界集團的鄭溶鎮副會長，後來才下達了「學習沃爾瑪起死回生」的

特別命令，自己承認了在數位轉型上遇到困難的現實。美國最近調查中指出，新冠肺炎使數位轉型相關支出大幅增加，但是有 63％的企業到目前為止仍無明確的數位策略。

受到政府干涉的企業

估值比中國共產黨官股銀行還不如的韓國金融控股公司

中國股市開放後，參與其中的外國投資客數雖然有所增加，但卻有一個行業總是受到排擠，也就是由中國政府擔任大股東的四大銀行。四大銀行除了世界資產規模最大的中國工商銀行以外，還有中國建設銀行、中國農業銀行、中國銀行。

即便殖利率高達 6 至 8％，2020 年預估本益比為四至五倍，股價非常便宜，依然不受歡迎。因為外國投資人認為四大銀行的經營權由中國共產黨掌控，作為計畫經濟的一種手段。

評估金融股的吸引力時，我們會使用表示股價是淨資產幾倍的股價淨值比（PBR）。美國優良銀行摩根大通的股價淨值比為 1.7 倍，共產黨所有的中國四大銀行為 0.5 倍，然而受到嚴格管制的韓國四大金融控股公司的股價淨值比還比中國四大銀行低，僅有 0.4 倍。

市場認為中國四大銀行的股價淨值比實際上高於 0.5 倍，中國四大銀行沒有回收的不良債券數量龐大，如果反映不良債券的話，分母的淨資產價值就會大幅下滑。海外投資人除了四大銀行以外，也不信任中國政府底下國有企業（state-owned enterprise）的會計內容。

證券市場給予會計帳面清廉、殖利率有 6％之多的韓國四大銀行如此嚴苛的估價，原因就出於政府的干涉。1998 年爆發亞洲金融危機之前，青瓦

台與財務部（現企畫財政部）就深度介入了銀行的放貸決策，政府採取自上而下的方式掌控金融業，沒有有效分配資源，導致外匯危機一觸即發。外匯危機後，才誕生了住宅銀行（國民銀行的前身）金正泰行長這類優秀的CEO，銀行獲得自由權，那段時期是韓國金融業的文藝復興期。但後來又重新恢復管制，2021 年的管制程度看起來甚至超越 1980 年代。

　　任命民間沒有經驗的公務員擔任銀行行長，就是最具代表性的管制案例。我們可以用 2020 年迎來一位外來行長的企業銀行為例，新任的企業銀行行長，從高考通過後一輩子都在青瓦台擔任經濟首席秘書，他在一次媒體訪談上說道：「我們要轉型成專業的創投銀行，進一步克服銀行業的危機」，最近他表示將要拓展海外市場。

　　1961 年成立後，企業銀行的主要事業在於給予中小企業金融支援。涉及風險極高的風險投資，是屬有數十年以上經驗、並且擁有專業知識和手法的投資銀行（IB）在進行。在國外風險投資是由美國在主導，歐洲的 UBS 和德意志銀行因為實力不夠堅強，正在持續縮減創投事業。

　　企業銀行在市場成績單上，股價淨值比僅有 0.3 倍，是全世界股價淨值

圖表 5-8　韓國標誌性金融控股公司／銀行的股價成長率與預估股息報酬率

	KB 金融	新韓 控股	韓亞 金融	友利 金融	摩根 大通	花旗 銀行	美國 銀行	富國 銀行	HSBC	渣打 銀行
五年股價 成長率（年）	7%	-4%	10%	5%	18%	8%	16%	-8%	-6%	-1%
十年股價 成長率（年）	-3%	-4%	-2%	-5%	10%	3%	9%	-1%	-7%	-13%
股息 報酬率（E）	5%	6%	5%	7%	3%	3%	2%	1%	2%	2%

出處：雅虎財經

比最低的銀行之一。2020 年企業銀行的股價大約下跌了 20％，由業餘行長接手，像做實驗般在經營，同時又經常為了支援中小企業進行有償配股，因此股票市場給了企業銀行一個不及格的分數。企業銀行行長應該放棄「創新金融」，重新思考上市的意義，提升市場的價值。

破壞股東價值的新韓控股

政府過度干涉雖然是問題之一，但是以經營為重的金融控股公司領導層，因為結構性內需衰退、FinTech 公司的躍進等因素，十五至二十年前高於將近兩倍的四大金融控股公司股價淨值比，下跌至平均 0.4 倍，排名在全球吊車尾。連經濟一團糟的俄羅斯，資產規模排名第二的 VTB 銀行股價淨值比都有 0.5 倍。

四大控股公司中的 KB 金融，在經營團隊的資質、策略、公司治理方面表現最佳，過去五年來股價年化成長率為 7％，十年來為－3％，在韓國銀行業中屬佼佼者，KB 銀行的股價淨值比是 0.43 倍，當然比新韓銀行（0.39 倍)、友利銀行（0.34 倍）、韓亞銀行（0.36 倍）都來得高。

最近新韓銀行大舉破壞股東價值，成為過去五年來四大銀行之中唯一股價下跌的銀行（每年下跌 4％），這十年來也每年下跌了 4％。過去新韓銀行曾經是藍籌銀行，政府干涉最少，資產健康度優良，幾乎是唯一一間以股東為中心經營的韓國銀行，外資的持股率通常很高。

但是過去幾年來，卻發生了不少起損害股東價值的事件。令人難以接受的代表性事件是，2020 年 10 月新韓以低價並採用第三方配股的方式進行有償配股，這項決策稀釋了現有股東的股票價值。新韓控股的業績不錯，對於資本的需求沒有必要性，為什麼需要跟不是策略性投資人的海外私募基金拿

錢？董事會決議進行 1 兆 1,582 億韓元的有償配股，實在令人費解。分析師懷疑，新韓控股的會長有想連任的念頭，才將 8％的股份賣給友好的勢力。這個懷疑非常合理，如果一家公司的最終目標不是股東價值，而更重視會長的連任，那不管股價淨值比再低，都沒有理由投資韓國國內的金融控股公司。

　　反而是有大股東證券控股公司——韓國金融控股，長期股價報酬率更佳，少數股東的權利也受到保護，看起來是更好的投資標的。以韓國金融控股股東的立場來看，31.8％的 KakaoBank 股份是額外的獎金。2020 年底 KakaoBank 在招募 TPG 資本投資時，估算的企業價值為 9 兆 3,200 億韓元，若 2021 年 KakaoBank 上市的話，代表韓國金融的資產價值將更上一層樓。四大控股公司中 KB 金融還算不錯，但若是長期持有的話，韓國金融控股會更加合適。

被低估的渣打銀行

　　美國銀行股過去十年來，因美國景氣在金融危機後復甦，股價走勢的表現不錯，股價並沒有被低估。目前仍被低估的海外銀行是在香港和英國同時上市的渣打銀行和滙豐 HSBC，股價淨值比分別為 0.5 倍和 0.6 倍。兩家公司股價淨值比和韓國的金融控股公司差不多，一旦中國與亞洲景氣開始恢復，兩家公司利潤改善將明顯加快。不過包含香港在內，中國業務佔比較高的滙豐 HSBC 還會有中美關係與中英關係的政治性風險，因此渣打銀行看似前景更好。

　　總部位於倫敦的渣打銀行，是一間一百六十幾年來針對亞洲、中東、非洲等新興市場的特殊英國銀行。渣打銀行在韓國是 SC 第一銀行的子公司，

因此跟韓國關係密切。第一銀行在 2005 年收購渣打銀行後，便改名為 SC 第一銀行，2019 年在韓國創造了 3,000 億韓元的淨利，佔比渣打全球利潤中 10％以上。SC 第一銀行在韓國零售業的影響力雖然在下滑，但是以我在新加坡和香港的經驗來說，渣打銀行當地分行的商品與服務非常傑出。

曾在麥肯錫顧問公司工作的前 CEO 彼特・桑德斯（Peter Sands）積極擴張商業版圖，使渣打銀行陷入危機，但他已經在 2005 年卸任，其後接手上任的溫拓斯（Bill Winters）執行長清理了所有不良債權，正在恢復銀行業務。目前渣打銀行的殖利率為 2％，一兩年後若收益回復有成，除了股價上漲以外，殖利率可能可達 4 至 5％。

銀行股票是反應景氣的晴雨表，因為銀行開的是高出自有資本十倍以上的槓桿，向許多存戶收取存款後，貸款給各家企業和個人。銀行股與 ROE 和股價淨值比的關係緊密，當收益性轉好時，銀行的股價便會開始出現溢價。

不該上市的韓國電力

電力、通訊、金融、香菸、賭場被稱為「管制型產業」，因為政府頒發營業許可後，若這些公司違反政策，政府便可以回收許可證。頻段是通訊業必備的資源，由政府收費提供給通信業者。零售業也屬於管制型業者，因為韓國政府有限制超市的營業時間，並強制規定義務性公休日。甚至還對最近營運狀況不佳、賣掉部分商場的 Home Plus 施加政治壓力。

電力市場是由韓國電力進行壟斷性銷售，因此收費制度早已僵化。韓國電力雖然是上市公司，但是政府握有 51％持股的公家企業。從最近韓國的情況看來，盧武鉉前總統「公家企業也要做生意」的發言顯得毫無意義。

　　韓電打從一開始就不該上市。新加坡的新加坡能源（Singapore Power）跟韓國一樣壟斷性銷售電力，是100％由政府所有的非上市公司。韓電1989年以國民股的形式上市，但是完全沒有照顧股東權益，身為大股東的政府採取違反其餘49％股東利益的行為，導致利益衝突非常嚴重。如果在證券市場上市，就應該依照市場原理來經營韓電，如果政府想要干涉電價調漲問題，就應該買回市場上其餘49％的股票，然後申請下市。

　　韓電中長期看來並不具吸引力，從股價成績單上就能看出端倪。過去十年來韓電的股價完全無法上漲，以下四點是我們應該避免投資韓電的原因。

　　第一點，針對核心問題，經營團隊無法獨立決策。從董事會的成員中就可以看出，他們會站在身為大股東的政府或使用電器的國民立場，而非少數股東的立場。在我看來，對於現任政府而言，韓電並非一間有少數股東的上市公司，而是一個為了達成脫核能源政策的手段罷了。

　　韓電在電力銷售量大的2019年是虧損，但新冠肺炎導致電力需求降低的2020年卻有盈餘。公司無法自由經營，股東難以用完整的常識為依據預測韓國電力的未來。2021年，韓電曾因市場期待電價跟隨油價調整進行「電費改革」，股價一度強勢。究竟韓電真的會像分析師所認為的，能夠打下即便油價再次暴漲也可以穩定賺取收益的基礎嗎？我認為韓電的股價會再度走跌，因為最後還是會跟以前一樣，政治人物對調漲電費施壓。

　　第二點，環境費用持續增加，對收益性造成壓力。新再生能源配額制與購買碳排放權等環境費用，預計將從2019年的1兆7,000億韓元大幅增長至2021年的2兆4,000億韓元。韓電到目前為止的碳發電比率仍佔30％，從ESG觀點來看，外資與機構投資人可能會持續賣超。英國聖公會財務委員會首席投資官（CIO）湯姆・喬伊（Tom Joy）指責，「韓國電力參與韓國的脫碳趨勢，但卻在海外投資新碳發電事業，態度十分糟糕」，特別是

2020 年韓電董事會決定強行在印尼進行碳發電事業，真是令人費解。

第三點，電費改革案無法通過，2018 年與 2019 年韓電分別創下 1 兆 3,150 億韓元、2 兆 3,460 億韓元的虧損。韓電的財務結構非常堅固，就算再度轉盈為虧或收益性惡化，也不會影響到公司營運。韓電 2019 年底的自有資本為 69 兆韓元，保留盈餘為 49 兆韓元。青瓦台、政治人物、產業通商資源部都利用這一點，站在民眾立場檢視韓電，而非股東的立場。

最後一點，分析師們認為具有意義的史上最低 0.2 至 0.3 倍股價淨值比，其實並沒有意義。韓電 ROE 近年來不曾超過 5％，就算電費改革通過估計 ROE 也不會超過 5％，因此韓電的股價淨值比非常低是理所當然的事。

前景堪憂的通訊業

三大通訊公司也是隸屬於管制型產業，因此經常被制定規則的政府牽著鼻子走。從過去五到十年的股價走勢看來，屬於民營企業的 SK 電訊與 LG U+ 每年股價平均增長 3 至 5％，反之 KT 的股價卻持續走跌，KT 的總市值僅有六兆韓元。預估各家通訊公司的股息報酬率可達 3 至 5％。

雖然比韓電好，但是過度受到政府干涉的通訊產業也很難有發展。除了像天文數字般的 5G 投資額以外，政府還要求高額的 2G、3G、LTE 頻段複用費，不僅如此，2020 年政治人物還在國會上施壓要求降價。2020 年 10 月，KT 站出來調降 5G 話費，這就是通訊業者的 PBR 只有 0.6 倍的原因。

投資十支股票，裡面如果有一兩支好股票，總是就會有兩三支表現不如預期的股票。為了做好整體報酬率的管理，如何避免掉這兩三支虧損股就顯

得非常重要，也就是說重點在於減少失誤。如果各位打算進行至少長達三到五年的長線投資，建議各位避開上述所提到的這些產業和企業。

- 建造奢華大樓的企業
- 大量舉債的企業
- 在人口減少的內需市場做生意的企業
- 受到政府干涉的企業

附錄

———

股票 vs 不動產

不動產也要養成用複利計算投資收益的習慣

2020 年 8 月某日刊登出了下列這則報導：

「首爾平均交易價突破 10 億韓元，2013 年在 5 億韓元左右徘徊的平均交易價，七年來上漲了兩倍」[1]。這則報導是依據不動產資訊業者——不動產 114 在 2020 年 7 月底公布的資料所撰寫而成。七年來從 5 億 2,000 萬韓元上漲至 10 億 1,000 萬韓元，代表房價每年上漲 9.9%，這就是複利的魔法。雖然房價上漲將近兩位數，但是這並不是一件值得驚訝的事，在超低利率的時代，屬於風險資產的不動產或股票每年上漲 10%，不是一個非常正常的現象嗎？

公務員、政治人物、媒體人、市民團體、專家團體都沒有經過客觀計算，以大略估算的方式分析不動產市場，用著自我見解高談闊論著價格上漲的原因與因應對策，真是令人心寒。不動產要至少以十年以上的長期觀點出發，利用複利計算出年報酬率後，與股票等其他風險資產的報酬率進行比

圖表附錄 -1　韓國不動產價格（中間價格）年增率

	李明博＋朴槿惠政府 （2008.12 ～ 2017.03）	文在寅政府 （2017.05 ～ 2020.05）	整體期間 （2008.12 ～ 2020.05）
首爾居住用 不動產 *	3%	10%	5%
任期初	4.3 億韓元	5.3 億韓元	4.3 億韓元
任期末	5.3 億韓元	7.1 億韓元	7.1 億韓元
首爾住宅大樓	3%	15%	6%
任期初	4.8 億韓元	6.1 億韓元	4.8 億韓元
任期末	6.0 億韓元	9.2 億韓元	9.2 億韓元
整體住宅大樓	4%	6%	4%
任期初	2.3 億韓元	3.1 億韓元	2.3 億韓元
任期末	3.1 億韓元	3.7 億韓元	3.7 億韓元

*　住宅大樓、獨棟住宅、連棟住宅
出處：經濟正義實踐市民聯合會、KB 住宅價格動向

較。

　　中高齡投資者透過不動產投資實現高報酬的經驗可能會多過於股票投資，因為以性質來說，不動產的交易較為困難，會被半強迫式的長期持有。不過長期持有優良股票，投資收益率會比不動產投資更高。過去十年來，美國股票年化總報酬率包含股息在內為 14%，這一百年來為每年 10%。

　　2008 年以後，首爾住宅大樓年化總報酬率中，包含租賃報酬預估數值 2 至 3% 在內為 8 至 9%。以經濟正義實踐市民聯合會與 KB 住宅價格動向的數據計算下來，2008 年底後，十一年四個月來首爾住宅大樓每年上漲 6%、全韓國住宅大樓上漲 4%、首爾居住用不動產上漲 5%。李明博與朴槿惠政府時期，全國住宅大樓與其他居住用不動產每年緩漲 3 至 4%。

　　文在寅政府接棒後，房價確實陡漲。經濟正義實踐市民聯合會 2020 年

圖表附錄 -2　股票總報酬率 vs 不動產總報酬率

	股價／房價成長率（A）	股息／租賃報酬率（B）	總收益率（A＋B）
韓國股票 *	5%	2%	7%
海外股票 **	8%	2%	10%
首爾住宅大樓 ***	6%	2～3%	8～9%
首爾居住用 不動產 ***	5%	2～3%	7～8%

* MSCI Korea 指數（2011 至 2020）
** MSCI ACWI 指數（2011 至 2020）
***KB 住宅價格動向（2008 至 2020）

6 月公布後引發熱議的〈二十一號房地產政策，結果使首爾住宅大樓售價上漲 3 億韓元共 52%〉中，以複利換算之後，文在寅政府上任三年來首爾住宅大樓每年上漲 15%。經濟正義實踐市民聯合會 2021 年 1 月公布的〈文在寅政府上任四年來，首爾二十五坪住宅大樓售價從 6.6 億韓元上漲 11.9 億韓元〉中，如果以複利計算的話，代表每年上漲了 16%。

　　長期停滯的韓國房價（海外不動產價格繼續上漲），結合了前所未有的超低利率與對市場一無所知的門外漢國土部長官的政策，最近三至四年來快速迎頭趕上。

同時持有不動產與股票可以降低風險

　　不動產的投資收益來自於不動產價值上漲所帶來的利差與租賃收益，而租賃收益概念，是持有房屋所附屬的使用價值。與此同時，股票投資收益是股價上漲所帶來的利差與股息的總和。過去十一年來首爾住宅大樓租賃報酬預估數值 2 至 3% 加上房價成長率 6%，每年會產生 8 至 9% 的總報酬率。

雖然相較來說低於全球 12% 不動產報酬率，但是考慮到韓國內需停滯的狀況，算是不錯的成績。同一時期，包含住宅大樓、獨棟住宅、連棟住宅等首爾居住用不動產，總報酬率推估為 7 至 8%。

　　但另一方面，過去十年來韓國股價年增率為 5%，加上接近於 2% 的殖利率（股息報酬率）的話，年化總報酬率為 7%。而同時期全球股價年增率為 8%，加上 2% 殖利率的話，年化股票總報酬率高達 10%。

　　三星電子佔韓國證券市場總市值超過 30%，韓國股票的總報酬率應該分別計算有包含三星電子和不包含的狀況會比較合理。排除掉三星電子的話，韓國股票的總報酬率從 2011 年以後每年僅有 3%。代表如果將過去十年來，除了每年可創造 16% 總報酬率的三星電子以外，大部分的韓國股票

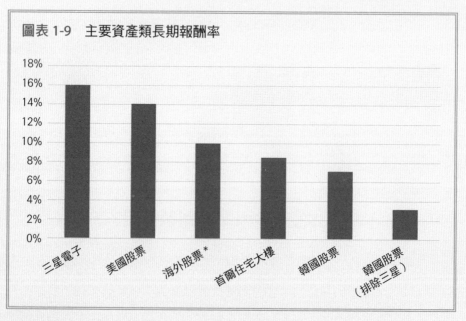

圖表 1-9　主要資產類長期報酬率

* 海外股票包含美股
** 股票計算為過去十年，不動產為過去十一年

並不具備投資價值。

　　2017 年，五位美國與德國的經濟學者，分析了 1870 年以後美國、日本、歐洲等共十六個先進國家的股票、居住用不動產、長期債券、短期債券的報酬率，發表了名為〈所有資產的報酬率（The Rate of Return on Everything）：1870 ～ 2015〉的論文 [2]。其中有幾個 1950 年後股票與不動產相關的啟示，概括如下：

- 股票年化總報酬率為 13%，表現最為優秀，其次則是 12% 的居住用不動產，排名第二。
- 股票報酬率雖高，但特性是變動性高於不動產，而且會大幅受到景氣影響。
- 不動產風險比股票低的原因在於總報酬率中，穩定的租金收益（比起房價）佔比較高。
- 股票總報酬率中，穩定的配息比重較低，股價上漲更加重要。
- 進入二十一世紀後，越來越多公司像 Amazon、Facebook、Alphabet、特斯拉一樣，雖然不發放股息，但是採用股價高成長來回報股東。
- 居住用不動產與股票報酬率的相互關係薄弱，同時持有的話可以降低風險。

　　這個論文是《二十一世紀資本論》的作者、法國經濟學者湯瑪斯・皮凱提（Thomas Piketty）的主張，也就是說他認為資本報酬率高於經濟成長率時，不平等也會相對增加，而所有國家（除了戰爭中的國家）與所有時期都印證了他的理論。

　　分析完海內外股票與不動產的長期報酬率，結論是每當有多餘資金的時

候，以合理的價格買進優良的股票並長期持有。

　　事實證明，績優股可以創造出高於住宅大樓的收益率，不過不動產的優
點在於可以透過貸款或傳貰等槓桿將投資效果最大化。

謝辭

　　我要感謝一手包辦本書所有企畫到編輯的尹孝珍（音譯）組長，當然也不能漏掉欣然負責本書出版的韓經 BP 孫禧植代表。另外要特別感謝麥克瑞利、塔克和 C 博士在本書分享了自己對韓國股市充滿愛意的投資經驗談。當我在構思本書的時候，他們三位表示樂意分享自己的投資故事，對我在寫書時給予了極大的幫助。也很感謝 Fn Guide 提供幫助，讓我得以閱讀各種韓國國內的研究資料。

　　也感謝我的家人，感謝一直鼓勵我韓國需要這本書的妻子，以及當我詢問關於新經濟的問題時仍不厭其煩回答我的女兒升妍（Stephany）與兒子秉延（Brian），這本書獻給你們。最後，也將此書獻給當我選擇與眾不同的路時，仍不斷鼓勵我的父親與母親。

註釋

（人名皆為音譯）

第 1 課

1. 鄭英孝〈新冠肺炎為西裝時代畫下句點〉，《韓國財經新聞》，2020 年 8 月 8 日

第 2 課

1. Aurora〈iPhone12 零件，大部分由韓國出產〉，《朝鮮日報》，2020 年 11 月 23 日

2. 閔世珍〈忽視經濟教育的代價〉，《韓國財經新聞》，2020 年 11 月 7 日

3. 閔知慧〈韓國美妝品的力量……在中國光棍節創下史上最高銷售〉，《韓國財經日報》，2020 年 11 月 13 日

4. 李東宇〈上任後讓 LG 健康總市值增加超過四十倍的男人〉，INTERBIZ，2019 年 7 月 20 日

5. 三星電子 IR 首頁 https://www.samsung.com/sec/ir/stock-information/stock-chart/

6. 張景永〈對於投資實力過分自信的男性，交易量雖高但報酬率卻不如女性〉，《韓國財經新聞》，2020 年 3 月 4 日

7. 宋鍾炫〈產業的本質〉，《韓國財經新聞》，2020 年 10 月 26 日

8. 李星勳〈重視細節……三星人記憶中的李健熙〉，《朝鮮日報》，2020 年 10 月 26 日

9. 姜敬熙〈李秉喆的「殊勳茂績」〉，《朝鮮日報》，2020 年 10 月 27 日

10. 昔南俊〈二十五年前李建勳說「繼半導體後下一個賺錢的是製藥公司」〉，《朝鮮日報》，2020 年 11 月 17 日

11. Michael E. Porter〈The Five Competitive Forces That Shape Strategy〉，2008 年 1 月

12. McKinsey Quarterly〈The industry effect〉，2015 年

13. 〈S&P500 Sectors & Industries Profit Margins(quarterly)〉，Yardeni Research，2020 年 7 月 13 日

14. 趙恩霖〈引領 GDP 的民間消費「下滑」……「高齡化與家庭負債導致消費傾向降低〉，《朝鮮日報》，2019 年 10 月 23 日

15. Richard Edwards and team、Goldman Sachs〈Next normal—casualization is driving broad-based sportswear gains〉，2020 年 10 月

16. Lauren Indvik〈Does sustainable fashion exist?〉，《Financial Times》，2020 年 11 月 15 日

17.〈衣物難以回收再利用的原因〉，BBC News Korea，2020 年 7 月 19 日

18. 韓卿殄〈厭倦快時尚〉，《朝鮮日報》，2020 年 2 月 25 日

第 3 課

1. 陳相勳、南閔祐〈汽車，死而才能復生〉，《朝鮮日報》，2017 年 1 月 14 日

2. Baillie Gifford 官方網站 https://www.bailliegifford.com/

3. 田中道昭《亞馬遜 2022》，商周出版，2018 年

4. Baillie Gifford 官方網站 https://insight.bailliegifford.com/videos/institutional/ltgg/stock-stories-amazon-ltgg-ins-we-0304/?additionaltranscript=true

5. Anand Sanwal、CB Insights〈Gradually, then suddenly...〉，2017 年 12 月 13 日

6. 郭錦珠〈DSL 內在心理學「誘惑」〉，《韓國財經新聞》，2019 年 9 月 1 日

7. 特斯拉10-K，2019（https://ir.tesla.com/_flysystem/s3/sec/000156459020004475/tsla-10k_20191231-gen_0.pdf）

8. 朴尚用〈2030 全球汽車市場，電動車佔比 31%〉，《韓國財經新聞》，2020 年 10 月 21 日

9. 金東旭〈電動車「充電難民」〉，韓國財經新聞，2020 年 12 月 3 日

10. 崔鎬燮〈就像隨時飄浮在周遭的「雲」──網路的儲存空間〉，《朝鮮日報》，2020 年 11 月

11. 田中道昭《亞馬遜 2022》，商周出版，2018 年

12. Elizabeth Koh〈Samsung heir takes reins of tech giant stuck in his father's past〉，《華爾街日報》，2020 年 10 月 25 日

13. 金信泳〈蘋果不斷創新，即便 iPhone 佔比下滑訂閱收益仍上漲〉，《朝鮮日報》，
    2020 年 8 月 2 日

第 4 課

1. Credit Suisse Research Institute〈The Family 1000: Post the Pandemic〉，2020 年 9 月

2. Deloitte〈全球家庭企業調查〉，2019、2020 年

3. Interbrand〈Best Global Brands 2020〉，2020 年 10 月

4. 韓敬錫〈與 Interbrand 專家一起解開「品牌的成功秘訣」〉，《週刊韓國》，2018
    年 12 月 24 日

5. 金敬熙〈Interbrand 公布「2020 年韓國最佳品牌」……三星電子品牌價值奪冠〉，
    《朝鮮日報》，2020 年 8 月 11 日

6. 金采妍〈Musinsa 成為「第十號獨角獸」……企業價值 2.2 兆〉，《韓國財經新
    聞》，2019 年 11 月 11 日

7. Achim Berg & Imran Amed、McKinsey & Company〈The State of Fashion 2020:
    Navigating uncertainty〉，2019 年 11 月 20 日

8. 權五榮〈你穿的衣服正在傷害著地球〉，Green Post Korea，2018 年 11 月 21 日

9. 韓卿殄〈厭倦快時尚〉，《朝鮮日報》，2020 年 2 月 25 日

10. 布雷克・馬斯特、彼特・提爾《從 0 到 1》，天下雜誌，2014 年

11. 艾胥黎・范思《鋼鐵人馬斯克》，天下文化，2020 年

12. 林娜莉〈不競爭，要壟斷〉，Chanel YES，2015 年 2 月 25 日

第 5 課

1. 趙恩霖〈引領 GDP 的民間消費「下滑」……「高齡化與家庭負債導致消費傾向降
    低〉，《朝鮮日報》，2019 年 10 月 23 日

2. 洪俊基〈100 萬 ➔ 26 萬人……賺錢的人不見了〉，《朝鮮日報》，2020 年 6 月 22
    日

3. 趙永泰〈散開才能生育⋯⋯人口集中首都導致超低生育率的韓國〉，《朝鮮日報》，2020 年 10 月 30 日

4. 李聖勳〈「學習年輕的創新」樂天 CEO 們邀請 Market Kurly 代表上台演講〉，《朝鮮日報》，2020 年 12 月 9 日

附錄

1. 安俊昊《首爾住宅大樓售價創新高⋯⋯均價打破十億韓元，江南更超越二十億〉，《朝鮮日報》，2020 年 8 月 12 日

2. Òscar Jordà, Katharina Knoll, Dmitry Kuvshinov, Moritz Schularick, Alan M. Taylor《The Rate of Return on Everything, 1870-2015》，Federal Reserve Bank of San Francisco Working Paper 2017-25，November

國家圖書館出版品預行編目資料

好股票、壞股票／李南雨著；蔡佩君譯 . -- 初版 . -- 臺北市：城邦
文化事業股份有限公司商業周刊 , 2022.04
　　面；17×22公分
　　譯自：좋은 주식 나쁜 주식
　　ISBN 978-626-7099-42-1 (平裝)

1.CST：股票投資　　2.CST：投資技術　　3.CST：投資分析

563.53　　　　　　　　　　　　　　　　　　　　111005052

好股票，壞股票

作者	李南雨
譯者	蔡佩君
商周集團榮譽發行人	金惟純
商周集團執 行 長	郭奕伶
視覺顧問	陳栩椿
商業周刊出版部	
責任編輯	林雲
封面設計	Bert
內頁排版	邱介惠
校對	呂佳真
出版發行	城邦文化事業股份有限公司-商業周刊
地址	104台北市中山區民生東路二段141號4樓
傳真服務	(02) 2503-6989
劃撥帳號	50003033
戶名	英屬蓋曼群島商家庭傳媒股份有限公司城邦分公司
網站	www.businessweekly.com.tw
香港發行所	城邦（香港）出版集團有限公司
	香港灣仔駱克道193號東超商業中心1樓
	電話：(852) 25086231傳真：(852) 25789337
	E-mail： hkcite@biznetvigator.com
製版印刷	中原造像股份有限公司
總經銷	聯合發行股份有限公司 電話：(02) 2917-8022
初版 1 刷	2022年4月
定價	380元
ISBN	978-626-7099-42-1（平裝）
EISBN	9786267099445（EPUB）／9786267099438(PDF)

좋은 주식 나쁜 주식
Good Stock Bad Stock
Copyright © 2021 by 이남우（Namuh Rhee，李南雨）
All rights reserved.
Complex Chinese Copyright © 2022 by Business Weekly Publications, a division of Cite Publishing Ltd.
Complex Chinese translation Copyright is arranged with The Korea Economic Daily & Business Publications, Inc.
through Eric Yang Agency

藍學堂

學習・奇趣・輕鬆讀